梁漱溟思想抉微

胡元玲　著

臺灣學生書局印行

自 序

　　此書是為闡發當代新儒家梁漱溟思想而作，也是向梁先生致敬之作。

　　思想，應當是有用之學。梁漱溟最難得之處，是其人與其學是一致的，他的思想是跟著他的人走的。他不說深奧的哲學語彙，也不賣弄糾纏玄妙的文字，有時或許也顯得籠統，由於這些特質，他的價值被低估了。

　　梁漱溟極為真誠、認真。他深思人生問題，也關懷社會問題；他讀孔孟之書及佛典，同時關注西方哲學與現代科學；既是儒家，亦是佛家。百年前的新文化運動中，他不是陳獨秀、胡適的新派，也不屬於章太炎、黃侃的舊派。他嚮往民主，反思民主；認同科學，反思科學。他在鄉村建設中實驗儒家式民主，當科學成為時代新宗教之際，以科學新知來佐證心性之學。他是積極的，樂觀的，悲憫的，寬恕的，相信人是善的。

　　以往學界對梁漱溟的研究，大多集中於他早年名著《東西文化及其哲學》或是後來投入的鄉村建設運動。本書在探討這兩者之餘，還論及梁漱溟其他著作，每一篇大致依照他的人生階段而排序，在方法上則是將梁漱溟放回他所處的歷史情境，探索時代下他的心路歷程，想要看出他思想的隱微意涵。

　　第一篇〈梁漱溟論東西哲學危機及解決之道——《東西文化及

其哲學》及《唯識述義》二書中的一個思想脈絡〉，原屬於教育部經費補助「邁向頂尖大學計畫」，由臺灣師範大學潘朝陽教授帶領「漢學整合型多年期研究計畫」，本文為第四年度「跨文化視域下的儒家倫常：生命倫理與環境倫理」主題下的研究成果。初稿宣讀於 2015 年 10 月韓國安東大學「儒學與當代世界學術會議」，大幅修改後發表於《師大學報》第 64 卷第 1 期 2019 年 3 月。梁漱溟在民初新文化運動風起雲湧之際，於北京大學講學七年期間，出版了著名的《東西文化及其哲學》及《唯識述義》，但此二書之間的關聯性及其意義，一直隱而未彰。本文提出，這兩部深具時代感的著作中，其實蘊藏著一條線索，乃是對東西哲學在現今的危機有所反思，並提出解決之道。梁漱溟的思考是：一方面，藉由印度唯識學與西方柏格森哲學之間的會通，以「直覺」解決西方哲學的形上學危機；另方面，藉由儒學與柏格森哲學之間的會通，以「直覺」解決東方哲學的價值危機。

　　第二篇〈梁漱溟「自覺」及其與佛教「菩提心」之比較〉，原屬於頂大第二年度「跨文化視域下的儒家倫常：儒家倫常與宗教對話」主題下研究成果，初稿宣讀於 2012 年 9 月上海師範大學「東亞儒學與國際學術研討會」，修改後發表於《師大學報》第 58 卷第 2 期 2013 年 9 月。本文關注的問題是：儒家作為成德之學，能不能找到一個最為根本、退無可退的立基石，而同時又是最為簡單、可依之而行的方法？本文發現，梁漱溟談「自覺」，亦即良知，亦即本心，可以說就是答案。並且，相較於其他新儒家諸如熊十力、牟宗三先生等，傾向於形而上學的論說方式，梁漱溟對「自覺」的討論較為形而下，其中且多有體驗語，能從人們的經驗中直接指點，特別予人親切之感。本文並將其與佛教中的「菩提心」相

互比較，亦是承傳自宋明儒學儒佛異同論之關懷，在現代的又一次思想探索。

第三篇〈梁漱溟的印度情懷〉，2011 年 11 月宣讀於政治大學印度學研討會，修改後發表於 2012 年 12 月《鵝湖月刊》第 38 卷第 6 期。梁漱溟在《東西文化及其哲學》一書中，分析了西方、印度、中國三種文化的特色，結論則強調中國文化最能適應當前世界的需要。然而，梁漱溟在儒者身分之外的，是他終身未曾放棄的佛者身分。本文探討兩個重點，其一是「梁漱溟與佛教」，他從早年以至於晚年，一直對佛教思想懷抱濃烈情感，並親身實踐；其二是「梁漱溟對現代印度人物的評價」，述及梁漱溟曾與泰戈爾會面談話，並讀過多本有關甘地的書籍，對於印度這兩位賢者，皆有所評論。

第四篇〈對「德先生」的反思——從另一個視角解讀梁漱溟的鄉村建設思想〉，原屬頂大計劃第三年度「跨文化視域下的儒家倫常：禮制與庶民生活」主題下的研究成果，初稿宣讀於 2014 年 9 月 26 日臺灣師範大學東亞文化與漢學研究中心主辦之「2014 年跨文化視域下的儒家倫常：政道與治道」學術研討會，修改後發表於《國文學報》第 57 期 2015 年 6 月。梁漱溟的鄉村建設，膾炙人口。他在辭去北大教職後，投注十年光景於鄉村建設工作。內以修己，外以治人、治世，原本就是儒者的關懷，以此之故，對於梁漱溟一生中這一重要的事功面向，不能輕易忽略。但以往的研究中，大多僅針對鄉村建設本身的規劃及其得失成敗進行討論，而未能見到鄉村建設的背後，其實有著梁漱溟對於民主政治的思考及實踐，亦即對於當時西方民主的反省，而在此基礎上，進一步推動儒家式民主政治。可以說，在儒學與民主之間這個意涵深遠的議題上，梁

漱溟做出了自己的探討。這也是梁漱溟對五四思潮「德先生」的重要回應。

第五篇〈人性何以是善？梁漱溟在《人心與人生》一書中的論證〉，本文原為頂大計畫第一年度「跨文化視域下的儒家倫常」主題下的研究成果，初稿於 2012 年 3 月宣讀於國家圖書館「跨文化視域下的儒家倫常」學術研討會，修改後收入潘朝陽教授主編《跨文化視域下的儒家倫常》會議論文集，2012 年 12 月由臺灣師範大學出版中心出版。梁漱溟曾在訪談中表示，他一生最重要且最珍視的著作，是他晚年最後《人心與人生》一書，而此書為何如此重要？其價值與定位為何？學界長久以來卻未見探討，學者在閱讀此書時，並常感到難於理解，可以說，此書遭受低估的程度，令人驚訝。這一現象的緣由或有二，其一是未能掌握梁漱溟撰寫此書之本懷，其二是對於此書缺乏切合適當的詮解角度，因而不易看出《人心與人生》在儒學史、思想史上的地位及價值。本文提出，此書其實就是梁漱溟以現代科學新知來解釋儒家性善論。儒家從先秦孟子的性善至明代王陽明的良知，皆相信人性是善良的，而梁漱溟亦被歸屬為孟子、陽明一系的思想家，那麼身為現代人的他是如何論證人之性善呢？此篇探討梁漱溟的人性論，他將心歸結於「自覺」這一特質，在科學時代以結合心理學的方式，對儒家性善論立場進行證成。這是梁漱溟對五四思潮「賽先生」的回應。

梁漱溟生長於變動時局，深受五四新文化運動的衝擊，困思勉行，終於入而出之，在思想上卓然自立。最重要的，思想家要能成為自身思想的受益者，為自己為他人尋找出路。

本書的完成，特別感謝潘朝陽教授、漢學研究團隊及鵝湖師友們。

梁漱溟思想抉微

目　次

梁漱溟論東西哲學危機及解決之道
——《東西文化及其哲學》及《唯識述義》二書中的一個思想脈絡

一、前言

　　本文之作，是對當代新儒家第一代思想家梁漱溟（1893-1988）先生的研究，[1]對他早期的《東西文化及其哲學》（1921）及《唯識述義》（1920）二書，探掘其間一條隱而未彰的線索。

　　梁漱溟先天下之憂而憂，對時代風氣感受敏銳，對晚清民初東西思潮之升降觀察深刻，看問題能洞察其根源處。1917 年，二十四歲的梁漱溟，應北京大學校長蔡元培之邀，於北大哲學系講授佛學與儒學，七年後辭職。當時，正值新文化運動期間。[2]北京的知

---

[1]　新儒家第一代思想家，除梁漱溟之外，熊十力論學會通儒佛，歸宗大易，撰著《新唯識論》，馬一浮先生論學總攝六藝，統於一心，撰著《復性書院講錄》。學界稱這三人為新儒家第一代思想家。

[2]　新文化運動開始階段在文學與思想方面的活動，大約是從 1917 至 1919 年之間。參見周策縱著，周子平等譯：《五四運動：現代中國的思想革命》（*The May Forth Movement: Intellectual Revolution in Modern China*）（南京：江蘇人民出版社，1996 年），頁 42-86。此書英文原版由哈佛大學出版社 1960 年出版。

識界中，多有支持西化，並對傳統文化持批判態度者，而梁漱溟則不在其間，既非新派，也非舊派。[3]梁漱溟後來回憶：「我自民國六年十月初到大學那一天就抱的個誓為孔子釋迦打抱不平而來。」[4]並表明這在當時面見蔡先生時就是這話。[5]

　　隔年，梁漱溟在北京大學日刊上，登了一個廣告，徵求研究東方學的同好，期望北京大學做為最高學府，能對自身的東方文化有所貢獻。然則，梁漱溟的呼籲未能引發足夠的共鳴，響應者並不多。於是，梁漱溟便在哲學研究所開辦了「孔子哲學研究會」，開始講述自己的見解主張。到了 1920 年，梁漱溟陸續接獲演講邀約，當年秋季亦在北大開講這一主題並紀錄為文，纂輯成書，便成為 1921 年出版的《東西文化及其哲學》。[6]《東西文化及其哲學》在當時引起廣大迴響，再版多次，堪稱是梁漱溟的成名作。

　　當代新儒家第二代思想家牟宗三，早年在北大哲學系求學，日後評價梁漱溟《東西文化及其哲學》一書，曾說：「這是當時非常了不起的一本著作，思考力非常強，自成一家之言，不是東拉西扯，左拼右湊抄出來的，而是一條主脈貫穿而下，像螺絲釘鑽縫入

---

[3]　梁培寬在〈先父梁漱溟與北京大學〉一文中說：「先父說：『我個人雖偶爾投書於《新青年》或《新潮》，卻不屬新派，亦非舊派。』」收入梁培寬、梁培恕：《父親梁漱溟》（武漢：長江文藝出版社，2014 年），頁101。

[4]　梁漱溟：《唯識述義》，《梁漱溟全集》（第一卷）（濟南：山東人民出版社，1994 年），頁 251。

[5]　同前註，頁 251。

[6]　梁漱溟：《東西文化及其哲學》，《梁漱溟全集》（第一卷），頁 344。

几的深造自得之作,可說是第一流的。」[7]此評語中所稱「一條主
脈貫穿而下」、「自成一家之言」等語,似乎意有所指,有必要注
意。但很可惜,迄今學界對《東西文化及其哲學》的研究,多集中
於梁漱溟對中、西、印三大文化路向的比較,而未能探討其更為深
層的思想脈絡。[8]

　　本文認為,要想充分掌握《東西文化及其哲學》的「主脈」與
精妙見解,應將此書與梁漱溟前一年即 1920 年出版的《唯識述
義》相互參看,方能得其要旨。[9]此二書皆是梁漱溟於此期間的講
學心得。本文將指出,在《東西文化及其哲學》及《唯識述義》這
兩部深具時代感的著作中,其實蘊藏著一條線索,乃是梁漱溟對東
西哲學在現代所面臨的危機有所反思,並提出「直覺」作為解決之
道。

　　論者或質疑,梁漱溟從 1920 年《唯識述義》到 1921 年《東西
文化及其哲學》乃是由佛學時期發展到儒學時期,而此先後時期在

7　牟宗三:〈我所認識的梁漱溟先生〉,《時代與感受續編》,《牟宗三先
　　生全集》(第 24 冊)(臺北:聯經出版公司,2003 年),頁 372。又,
　　牟宗三在此文中,推崇梁漱溟是了不起、有風骨的人物,但也批評他思想
　　的侷限,對中國歷史文化的了解並不深,對時代風氣的弊病也缺乏足夠認
　　識,見〈我所認識的梁漱溟先生〉,《時代與感受續編》,《牟宗三先生
　　全集》(第 24 冊),頁 371-377。

8　梁漱溟藉用德國哲學家叔本華「意欲」的概念,主張西方文化是意欲向
　　前,中國文化是意欲調和持中,印度文化則是意欲翻轉向後。梁漱溟這一
　　說法,見《東西文化及其哲學》,《梁漱溟全集》(第一卷),頁 353、
　　383、394。相關研究,譬如林安梧:〈梁漱溟及其文化三期重現說——梁
　　著《東西文化及其哲學》的省察與試探〉,《鵝湖月刊》第 7 卷第 5 期,
　　1981 年 11 月,頁 23-32。

9　《唯識述義》出版於 1920 年,現收入《梁漱溟全集》(第一卷)。

若干思想觀點上是相異的。[10]若確實如此,那麼能否將此二書視為是一個整體,則成為具爭議性之問題。其實,梁漱溟思想一直是儒佛兼具,因此之故,將此二書視為一個整體並無問題。梁漱溟1920 年開始講授東西文化,並於同年年底結婚,這是他放棄原先的出家念頭,並宣稱要過孔家的生活,但其餘則並不與他佛家的生活相互衝突。雖則他在《東西文化及其哲學》中提出要反對印度文化,但此乃是梁漱溟就當時中國社會而發的主張,而在他個人方面,則是融合了佛教大乘菩薩道與儒家。譬如,以研究梁漱溟著稱的美國學者艾愷(Guy Alitto)於 1980 年問到「『五四』時代,您就好像是放棄了佛學而轉入儒學」這一問題時,梁漱溟回答:「說放棄,也沒有放棄,不過是,原來想出家做和尚,把這個『出家做和尚』放棄了,在思想上還是那樣。……說我是儒家、是孔子之徒也可以,說我是釋迦之徒也可以,因為這個沒有衝突,沒有相反。」[11]在現今學者研究中,亦顯示梁漱溟一生是儒佛兼具。[12]

根據另一處資料,可得到更為清楚的背景脈絡,即梁漱溟公告於 1920 年 9 月 24 日《北京大學日刊》第 701 號的一篇〈關於講授唯識哲學課的啟事〉:

---

[10] 吳展良:〈中國現代保守主義的起點:梁漱溟的生生思想及其對西方理性主義的批判(1915-1923)〉,收入劉述先主編:《當代儒學論集:傳統與創新》(臺北:中研院文哲所,1995 年),頁77-117。

[11] 梁漱溟口述,艾愷採訪:《這個世界會好嗎?》(臺北:五南圖書出版公司,2008 年),頁 6-7、頁 24-25。

[12] 陳來:〈梁漱溟與習靜之功〉(《鵝湖月刊》第 34 卷第 11 期,2009 年 5月,頁 7-20)、王宗昱:〈梁漱溟的佛教修行〉(《鵝湖月刊》第 29 卷第 6 期,2003 年 12 月,頁 30-34)等。

決定在講此屆印度哲學唯識哲學之前，先取東西文化略為剖
釋……假不先剖明，則講印度學問殆難措手也。原定課程每
星期印度哲學三小時唯識哲學兩小時，茲擬以印度哲學之三
小時略講東西文化，其唯識哲學兩小時暫不上課。一俟講
畢，仍按照課程表辦理。[13]

從中可知，梁漱溟有關「東西文化」的講課，乃是作為印度哲學、
唯識哲學所處之更為宏大的背景知識來講述的。換言之，梁漱溟自
1917 年至 1924 年於北大講學的七年時間裡，從最初講印度哲學，
後來到 1920 年開始講述東西文化，這前後之間的變化，並不是今
是昨非的思想轉變，而是從點到面的擴大，將專題放在更為宏觀的
視野下進行思考與闡述。

二、東西哲學在現代的危機

　　將《東西文化及其哲學》及《唯識述義》二書相互參看，可發
現作者梁漱溟從大視野來觀照東西哲學在現代所遭遇的危機。

（一）西方哲學的形上學危機

　　首先，簡述梁漱溟對西方哲學發展的理解。從中，可以見到梁
漱溟對西方哲學史的詮解極具個性。

　　在古希臘時代，形上學（Metaphysics）是哲學思考的重心。

13　梁漱溟：〈關於講授唯識哲學課的啟事〉，《梁漱溟全集》（第四卷），
　　頁 577。

哲學家出於對智慧的愛好，玄想現象本質與天地本源，前者即所謂本體論（Ontology），後者即所謂宇宙論（Cosmology），最著名者莫過於柏拉圖（Plato）與亞里斯多德（Aristotle）。柏拉圖認為，人所見所聞之感官經驗所能認識的，只是現象而非其本質，至於其本質、實相，乃是超乎感官經驗所能認識的，他稱之為「理型」（Idea）；而在其學生亞里斯多德看來，則一反師說，認為人所見所聞之感官經驗所能認識的現象，亦即就是其本質，是唯一的真實。這兩大哲學家的思想，對於後來西方哲學發展影響甚深。

梁漱溟提出，以近現代哲學眼光來看，古希臘哲人多是在「亂講形而上學」[14]，「無邊無涯的胡講亂講」。[15]他認為其中緣由是這樣的：

> 希臘時先發明了幾何學，最為時尚，他那跡先的演繹法仿佛能晐洽六合的樣子，所以希臘的哲學家把推理看成萬能的了。什麼宇宙的實體如何如何……乃至種種很奇怪的事情，他們都能知道。[16]

數學這門學問，純粹依靠推演與運算，而不像其他學科知識，尚需仰賴經驗觀察，這影響到形上學，尤以柏拉圖哲學為然，譬如其著名的「不會幾何學，不得入此門」學院標語，即間接點出，幾何學的論證及思考方式，對柏拉圖形上學的重要性。

柏拉圖與亞里斯多德這兩大思想源流，綿延於後世：發展到中

---

[14] 梁漱溟：《唯識述義》，頁 272。
[15] 同前註，頁 271。
[16] 同前註，頁 272。

世紀時，有實在論（Realism）與唯名論（Nominalism）之間的論爭，此時仍尚屬形上學本體論議題，探討所謂共相（Universal）是否真實存有，抑或僅有其名而非其實；而到十七、十八世紀，則發展出歐陸的理性主義（Rationalism）與英國的經驗主義（Empiricism）之爭，這就偏重於認識論（Epistemology）方面的議題，前者重理性演繹，後者重經驗歸納。梁漱溟對西方哲學的發展，頗能掌握重點，譬如他簡要地指出：「所以有經驗與理性之爭的，是因為英島的歸納說起來一反從前自希臘以來的演繹舊風」[17]，至於歐陸的理性主義如笛卡兒（René Descartes）、斯賓諾莎（Baruch de Spinoza）、萊勃尼芝（Wilhelm Leibniz），「他們都是大數學家，所謂大陸的理性派，以為天地間的理是自明的，是人的理性所本有，自會開發出來，推演出來，非是從外面拾來的」[18]，「等到十八九世紀，認識論上竟自論究到形而上學的能成立不能成立，大有根本動搖的樣子」。[19]

　　後來，哲學家康德（Immanuel Kant）出來，調合理性主義與經驗主義之爭。梁漱溟對康德哲學的理解是：

> 到康德出來解他們理性、經驗兩家之爭，認識論遂獲大成，近世哲學對於往昔唯一的新形勢才確定如九鼎，而獨斷論（即前之以知識為無界限，硬作許多形而上學主張者）於是絕跡。他的說法很精緻，此不及述。他那意思，我們於現前世界以外固然是感覺不到，而且是判斷所不能加……但他卻

17　同前註，頁271。
18　同前註，頁272-273。
19　同前註，頁271。

> 也承認形而上學，他承認他是理性的觀念。人的悟性不應那
> 樣用，而總不甘心，總要用，想去知道知道，這種需要就成
> 了形而上學。[20]

簡要言之，康德認為人的理性所能認知的是「現象」
（phenomenon），而所謂「物自身」（noumena 或 thing-in-
itself），亦即現象之本質，是超乎人的理性所能認識的。康德乃是
取理性與經驗二家主義之所見，並對於人作為認知主體之認識真理
的能力及其限制做了界定，而這就導致形上學危機的出現。

　　此外，自近代科學革命以來，科學成為時代風潮，並且成為檢
證一門知識領域是否嚴謹的標準，因此出現孔特（Auguste
Comte）的實證主義（Positivism）。梁漱溟對實證主義的理解是，
他們認為「形而上學都屬過去的東西，以後人的知識全是所謂實證
的——即科學的，哲學也是科學的」。[21]實證主義主張，哲學要具
有科學的性質，或是以科學為基礎，這一觀點影響既廣且深，成為
近現代以來許多哲學家、思想家於立說之時，心中所念念不忘的目
標。而在實證主義影響下，如果說形上學尚有持續發展之可能性，
那麼，應當是以科學的方法，作為形上學理論建構之基礎，這一點
亦為梁漱溟所堅信。事實上，梁漱溟不僅受到實證主義的影響，也
認同實證主義對形上學的挑戰，以至於他對西方形上學危機的思
考，最後亦是以他認為科學的方法，作為形上學方法論。

　　到二十世紀初，西方哲學這兩大派的論爭依然延續，並且以新

20　同前註，頁 273。
21　同前註，頁 274。

的面貌呈現。最為梁漱溟所注意的，當是法國的柏格森（Henri Bergson）與英國的羅素爾（Bertrand Russell）。[22]對此，梁漱溟解釋說：

> 羅素爾是大數學家，於是他的哲學又都從數理來了……與柏格森對看，恰是各走一路。一個要去經驗，一個要去推理。於是在哲學方法上兩個人成了敵對之勢（其實全由所從來的科學根本不同而致），彼此攻擊非常凶猛。羅素爾批評柏格森謂：看他所講的東西則非哲學的，看他所用的方法則非科學的。羅氏平常總自命自己的哲學是要用謹嚴的科學方法講真正哲學應講的東西。……但在柏氏亦難誠服……於是自近世以來的形而上學問題，到現代還是毫無解決的端倪。[23]

綜合言之，西方哲學在現代的形上學危機，可從兩方面來說明：

一是，認識論發展導致形上學危機。自康德以來，認為人之理性對於「物自身」無法有直接認識之可能，在其影響下，古希臘以來對於現象本質的探索等形上學議題，被視為是不夠嚴謹的。在康德之後的重要哲學家如胡塞爾（Edmund Husserl）現象學（Phenomenology），亦主張將本質「放入括號」（Bracketing），予以「存而不論」（Epochè 或 Suspension，懸置），亦帶來相類似的挑戰。

22　按，現今多譯作「羅素」。

23　梁漱溟：《唯識述義》，《梁漱溟全集》（第一卷），頁 276-277。

　　二是，實證主義的方法論導致形上學危機。實證主義崇尚科學精神，講求實證。在此風氣之下，形上學在方法論上遭遇質疑，被視為是不科學的，而不科學就意謂著其理論不能成立。科學居於學術主流之強勢地位，從其而來的衝擊，便是人文及社會領域被視之為是不科學的，而甚至被認為是沒有價值的。這一現象，不僅發生於歐洲，從而引發其後諸多哲學家的反思與批判，也影響到新文化運動胡適等人提倡「整理國故」，要以科學的方法對傳統學問進行研究。

　　而在受到科學影響這一點上，梁漱溟與胡適等人其實是一致的。兩人的差異之處在於：胡適承襲了英美的經驗主義脈絡，其功績在於一生彰顯民主與科學，將英美以經驗主義為思想淵源的自由主義，付諸於言行、政論之中，但在創造性方面則較為不足；而梁漱溟則視野宏大，能跳出西方哲學發展的洪流，觀照其得失，省察其危機，並希望以當時的時代潮流所最為認可之科學精神來試著回應、解決。因此，在創造性思考方面，梁漱溟是優於胡適的。

　　然而，近現代以來，古典形上學儘管備受質疑，在根基上出現動搖，但形上學關懷依然持續，仍然有哲學家懷抱著形上學夢想，並且以符合時代精神所標舉的科學方法、科學知識，試圖來建立其形上學。梁漱溟後來的《人心與人生》一書，即是以當時最新的心理學知識為基礎，對儒家性善論進行現代的詮釋，亦是以科學知識作為哲學理論之基礎的例證。

　　討論至此，或問梁漱溟為何如此關心西方哲學在現代的形上學危機呢？其實，這還是要回到東方哲學乃至中國儒家自身的立場來說。如梁漱溟所言：「印度是以其宗教為中心的，中國是以形而上學為中心的，所以這個問題非常重要吃緊，倘然是求不出一條路來

時，東方文化簡直隨著宗教形而上學成了文化的化石了！」[24]意思
是，既然西方出現形上學危機，那麼中國及印度「是不是同西方宗
教、古代形而上學陷於一樣的謬誤」？[25]正如梁漱溟說：

> 提到哲學方法問題或認識論（Epistemology），這便是西方
> 近世哲學對古代與中世才有的新形勢，也就是東方哲學的難
> 關所從來。……那一味好談形而上學的東方哲學，雖然一般
> 的度日度到二十世紀，還只是西洋古代中世的模樣，那十六
> 七世紀以後的新形勢在東方通通沒有，直不曉得。然則兩相
> 比看，豈非西方哲學生機別啟，前程遠大，而東方哲學已是
> 命運就終，「爾墓之木拱矣」了麼？所以我這治東方哲學的
> 人去看西方哲學，頭一椿就覺得這種形勢非常重大，是最為
> 重大。[26]

換言之，西方哲學近代以來，認識論或知識論方面的發展，除了對
西方自身傳統的形上學造成挑戰之外，若將西方知識論的思考，放
之於東方哲學來看，對東方哲學本身也造成一大挑戰。這個挑戰就
是：儒佛二家之說在現今時代是否能夠成立？這一點，才是梁漱溟

24　梁漱溟：《東西文化及其哲學》，頁 407。按，梁漱溟認為中國哲學以形
　　上學為中心，這一點現今學者或有不同看法，而主張中國哲學應是以心性
　　論為中心。於此筆者認為，此乃見仁見智。若從新儒家道統論立場而言，
　　可說以心性論為中心；但若從思想史的角度觀之，氣、陰陽、理氣等概
　　念所形成的形上學思考，亦可說是中國哲學的重心。

25　同前註，頁 407。

26　梁漱溟：《唯識述義》，頁 271。

關懷之所在。

　　有學者認為，梁漱溟在《東西文化及其哲學》中以佛學為「利器」來批判、摧破西方理性主義。[27]然而，如上所述，西方理性主義的困局，原本即是西方哲學自身發展所面臨的困境，梁漱溟僅是被動地就實際狀況如實而言，不是主動地進行批判。

（二）東方哲學的價值危機

　　東方哲學發展到現代，面臨西學衝擊，出現了價值危機，意即東方哲學在現今社會是否依然具有存在並延續下去的價值？意即，是否應該如新文化運動所標榜的「全盤西化」，而對傳統文化進行完全地否定、拋棄，從此展開一個新的時代？又是否如新文化運動提倡的「整理國故」，將傳統文化視之為骨董般陳列著的治學對象，而不是可依之作為立身處世之道，仍然活著的思想傳統？這些問題深深困擾著梁漱溟。

　　遠處來說，自晚清以來數十年間，迫於西方列強的侵逼，有識之士倡議西學，以求救亡圖存。

　　一般皆認為，這段向西方學習的大潮流，大致分為三個階段，而梁漱溟亦有所論：

> 起初的時候，驚於火炮鐵甲之利，聲光化電之妙，想著不得不學他的。大約咸豐末同治初以迄光緒二十幾年，都是這個思想。……曾不曉得這些東西有它的來歷（西方化），不是

27　吳展良：〈中國現代保守主義的起點：梁漱溟的生生思想及其對西方理性主義的批判（1915-1923）〉，收入劉述先主編：《當代儒學論集：傳統與創新》，頁86。

> 可以截蔓摘果就挪到自己家裏來的，而實與自家遺傳的教化
> （東方化）大有衝突之點，輕輕一改，已經失了故步。[28]

以上是第一階段，僅就器物方面向西方學習，其缺失在於並未瞭解
西方文明之根源。而在甲午之戰失敗後，始將眼光移到較為深層的
制度面，特別是政治制度，如梁漱溟說：

> 到甲午海軍覆滅，始又種下觀念變更的動機。慢慢覺悟得問
> 題所爭尚不在此，把眼光挪到學術、教育、種種實業與政治
> 制度上去，而尤歸本政治制度之改革，較前可以算得一大進
> 步。……在大家心目中都以為但能如其所求，便不難接武日
> 本、抗躋歐美，曾不留意這種制度（代議制度、民主制度）
> 是什麼樣精神產生的，與這東方化風養的國民是何等的鑿枘
> 不入。[29]

然而，政治制度上的改革或革命，仍然有所不足，仍未深入西方文

28　此段引文出自《東西文化及其哲學》導言，但列於較早出版的《唯識述
　　義》正文之前，見梁漱溟：《唯識述義》，頁 255-256。據梁漱溟稱：
　　「民國八年，有一位江蘇的何墨君同朋友來訪問我對於東西文化問題的意
　　見。當時曾向何君略述；何君都用筆記錄，但並未發表。後來我作一篇希
　　望大家對於此問題應加以注意的文章，即發表於《唯識述義》前面的。」
　　見梁漱溟：《東西文化及其哲學》，頁 344。這是梁漱溟常用作法，在新
　　出版的著作中，把自己將要探索的議題，或是已初步完成的文章，列於書
　　中正文之前，作為預告，以引起讀者的注意，譬如《東西文化及其哲學》
　　正文之前，即列有《人心與人生》自序。

29　梁漱溟：《唯識述義》，頁 256。

明的精神所在。於是,有新文化運動之興起,欲就西方文化的根本
面來學習,如梁漱溟說:

> 這種活剝生吞的改革的無功又且貽禍,而後曉得既不是什麼
> 堅甲利兵的問題,也不是什麼政治制度的問題,實實在在是
> 兩文化根本不同的問題,方始有人注意到改革思想,把西方
> 化為根本的引入。這是最近一二年的新傾向。差不到六十年
> 功夫才漸漸尋到這個根本上來。[30]

可以見到,梁漱溟對於東西文化問題的思考,亦是在時局變動之下
所激發出來的。他沉痛地指出:「請放眼一看,世界上哪一塊不是
西方化的領土!凡裹用東方化的國民,若日本、暹羅、印度、安
南、緬甸、高麗之類,不是改從西方化,便為西方化所強據。」[31]
又說:「東方化對於西方化步步的退讓,西方化對於東方化的節節
斬伐!到了最後的問題是已將枝葉去掉,要向咽喉去著刀!」[32]並
意有所指的批評,知識界對於「東西文化及其哲學」這個「絕重大
的問題」,「大家未注意的時候,我早看到這個問題逼到眼前,直
到現在當真逼來,急待取決,大家還是不顧,或敷衍搪塞過去便
了。」[33]但要注意的是,梁漱溟支持東方思想,並非一味守成,而
是有著一種尋求真理的精神,對問題認真尋求解答。

　　梁漱溟指出,在形勢的逼迫下,這是無可閃避的議題,應當儘

30　同前註,頁 256。

31　同前註,頁 255。

32　梁漱溟:《東西文化及其哲學》,頁 335。

33　梁漱溟:《唯識述義》,頁 254。

快尋求應對之法,而可走之路有三種可能:第一,「東方化與西方化果真不併立而又無可通……那麼,我們須要自覺的如何徹底的改革,趕快應付上去,不要與東方化同歸於盡」;第二,「東方化受西方化的壓迫不足慮,東方化確要翻身的,那麼,與今日之局面如何求其通,亦須有真實的解決積極的做去,不要作夢發呆卒致傾覆」;第三,「倘然東方化與西方化果有調合融通之道……須要趕快有個清楚、明白的解決,好打開一條活路。」[34]從這段話可以見到,梁漱溟所抱持的視野極大,而並非如外界所慣常認為的,自始至終是以中國文化為本位來進行思考。固然,就其著書立說所呈現出來的思想內涵而言,梁漱溟是以中國文化為本位的;然而,就其思考問題的出發點而言,梁漱溟並非全然以中國文化為本位。如他所言,東方文化若真的走不下去,則我們要趕緊應付此一局面,而不要與之「同歸於盡」。可以說,梁漱溟的思考層面乃涵攝中國文化於其中,但並非僅局限於中國文化。[35]

近處來說,新文化運動的興起,更激發了梁漱溟對東西文化及

---

[34] 梁漱溟:《東西文化及其哲學》,頁337。

[35] 對此,杜保瑞亦持類似觀點,他的分析甚為精彩:「《東西文化及其哲學》可以說就是以佛教哲學為思考架構寫出來的巨作,然而著作中卻主張中國要走儒家的路。這真是一套奇特的理論及思路。可以說,梁漱溟兩分思想的世界為真理的世界以及現實的世界。真理的世界是佛教世界觀及種種理論在界定的,但是,現實世界中的人類卻有現實的問題,這就是歷史發展中的文化哲學的問題,於文化哲學問題中的歷史當下,他為中華民族謀計,就是要走儒家的路,而當民族存亡問題解決好了以後,中國以及全世界的人類就是要走佛家的路了。」見杜保瑞:〈從當代儒佛諍談中國哲學研究視野〉,《哲學與文化》第40卷第8期,2013年8月,頁97-114。

哲學的思考。

梁漱溟日後回憶這一段歲月，說：

> 民國六年，我應北京大學校長蔡孑民先生之邀入北大教書，
> 其時校內文科教授有陳獨秀、胡適之、李大釗、高一涵、陶
> 孟和諸先生。陳先生任文科學長。茲數先生即彼時所謂新青
> 年派，皆是崇尚西洋思想，反對東方文化的。我日夕與之相
> 處，無時不感覺壓迫之嚴重。……《新青年》雜誌之批評中
> 國傳統文化，非常鋒利，在他們不感覺到痛苦；彷彿認為各
> 人講各人的話，彼此實不相干；彷彿自己被敵人打傷一槍，
> 猶視若無事也。而我則十二分的感覺到壓迫之嚴重，問題之
> 不可忽略，非求出一解決的道路不可。[36]

以上可知，梁漱溟在與陳獨秀、胡適等這些「新青年派」同事的相
處之下，對於他們如此激昂地批判東方文化，深切地感到痛苦、衝
突與不解。他們似乎其人、其生活與其文中主張是相分開的，而不
會感覺矛盾或痛苦；但在個性認真、表裡如一的梁漱溟而言，文章
觀點與個人生活乃是一貫而不可分開的。在此環境下，梁漱溟由此
對於東西文化、東西哲學的問題非要探索思考出答案不可，至少是
自己心目中認可的答案。

當時的知識界，主張全盤西化而有所謂「新派」，反對全盤西

---

36 梁漱溟：《自述》，《梁漱溟全集》（第二卷），頁 11-12。

化而有所謂「舊派」。[37]然而,這兩派對於東西文化及哲學相關問題,大都針對具體主張而發,如文言文與白話文之爭,而並非從較為凌空、較為宏觀的視野來進行討論。如梁漱溟批評說:「知識階級,也大多數都是身在兩文化的交戰中……感覺西方化的壓迫而表示反對的,這所謂舊派,為數也不少……其次便是能感覺西方化的美點而力謀推行的,這所謂新派,為數不多,自是被世界西方化的潮流所鼓動。」[38]

在新派知識分子中,莫過於以陳獨秀、胡適最具代表性。陳獨秀性格激烈,思想極端,主張西化與傳統儒家不能相容,要西化就必須廢孔。[39]胡適則溫和許多,對東方哲學尚抱有樂觀期待,如胡適在《中國哲學史大綱》說:「世界上的哲學大概分為東西兩支。……到了今日這兩大支的哲學互相影響,五十年後一百年後竟能發生一種世界的哲學也未可知。」[40]值得注意的是,陳獨秀雖主張廢孔,但梁漱溟並未因此全面否定陳獨秀,反而還頗推崇陳獨秀標舉德、賽兩先生,稱讚這是對西方精神的領會。[41]

---

[37] 其實,舊派學者亦非腐儒,譬如章太炎、劉師培、黃侃等人,皆為性格激烈、曾經投身革命、學問篤實之士,後二者曾在新文化運動時期任教於北京大學,在治學上傾向古文經學之路數,重視音韻訓詁,從小學而通義理。

[38] 梁漱溟:《唯識述義》,頁257。

[39] 如陳獨秀說:「欲建設新國家、新社會,則對於此新國家、新社會不可相容之孔教,不可不有徹底之覺悟,勇猛之決心。」見梁漱溟:《唯識述義》,頁259。

[40] 同前註,頁259。

[41] 譬如梁漱溟說:「民國九年看見《新青年》六卷一號陳獨秀君的〈本誌罪案之答辯書〉說他們雜誌同人所有的罪案不過是擁護德賽兩位先生——Democracy, Science——罷了。……我常說中國講維新講西學幾十年乃至

　　這種認為東西哲學相互影響、互相調和的樂觀期待，亦出自一些西方思想家，像是胡適在美國哥倫比亞大學的老師杜威（John Dewey）及英國的羅素。他們受邀來華講學時，即發表類似的談話，如梁漱溟提到：「西洋經大戰的影響對於他們本有的文化發生反感，所以對於東方文化有不知其所以然的羨慕，譬如杜威羅素兩先生很不看輕中國的文化，而總覺得東西文化將來會調和融通的。……但假使問他們如何調和融通，他們兩先生其實也說不出道理來。」[42]

　　此外，梁漱溟也提到梁啟超在一戰後赴歐洲參訪，「也很聽到西洋人對於西洋文化反感的結果，對於中國文化有不知其所以然的一種羨慕。所以梁任公在他所作的《歐遊心影錄》裡面也說到東西文化融合的話」[43]，「西洋人對他說『西方化已經破產，正要等到中國的文化來救我們，你何必又到我們歐洲來找藥方呢！』他偶然對他們談到中國古代的話，例如孔子的『不患寡而患不均』、『四海之內皆弟兄也』以及墨子的『兼愛』，西洋人都嘆服欽佩以為中國文化的可寶貴」。[44]

　　然而，東西哲學相互調合融通，這些話固然鼓舞人心，但在梁漱溟看來，卻仍然是空洞而不夠具體的。他因而批評道：「我細看

　　於革命共和其實都是些不中不西的人，說許多不中不西的話，作許多不中不西的事。他們只有枝枝節節的西方化，零零碎碎的西方東西，並沒把這些東西看通竅，領會到那一貫的精神。只有近年《新青年》一班人才算主張西方化主到家。」梁漱溟：《東西文化及其哲學》，頁 350。

[42]　同前註，頁 342。

[43]　同前註，頁 331。

[44]　同前註，頁 342。

他們對於東方化的講法，我總遍尋不著他們以什麼見地把東方化抬
到與西方化互相影響彼此融合的地位與那融合之道在那裡。我並且
武斷，假使我當面請問他們，他們除了幾句空空洞洞的話外，也沒
得可說。」[45]似乎，大家都只是嘴上說說而已，雖然受新文化運動
的影響，時常聽到或讀到「東西文化」一詞，但並未認真看待此一
問題。

　　凡此種種，皆或直接或間接地促發了梁漱溟的思想探索。

三、西方哲學形上學危機的解決之道

　　在此，梁漱溟藉由唯識學與柏格森哲學之間的會通，賦予「直
覺」形上學方法論上的意涵，以作為西方哲學形上學危機的解決之
道。

（一）對唯識學的理解

　　梁漱溟頗能掌握大乘佛學，常能以簡單明瞭的話，直探大乘佛
學的旨趣。[46]大乘佛學主要可分為空宗與有宗。空宗，指的是般若
學；有宗，指的是唯識學。空、有二宗皆具有西方哲學中的形上學
意涵，但並非純粹的理智思辨，而有其實踐上的功用。

45　梁漱溟：《唯識述義》，頁 264。
46　譬如梁漱溟說：「大凡一個學說都是要人改正不對的習慣。……尋常人說
　　一件東西便是一件東西，說一句話便是一句話，而唯識家教你說一件東西
　　不當一件東西，說一句話不當一句話。你如果說了不算，這話便可說得；
　　說了就要算，這便萬要不得。這是大乘佛家唯一的要義。」同前註，頁
　　281。

　　般若學以空性來討論諸法實相，但這並非是將空性立為現象之最終本質，而是作為方法、手段，要來掃除人的任何見解，因為凡有所見解即有所執著，而破執才是般若學的關懷所在。如梁漱溟說：「般若家直悟一切無得不墮在見解計較裏邊，拿空無來掃盡一切的見解計較，而他所說的空無卻不是一種見解計較。」[47]此言甚當。

　　相形之下，唯識學雖看似立有見解，但與般若「無得」之意亦不相違。更且，若是只談論般若空性之學，則易流於斷滅空，而應將般若、唯識二者互相補充與發揮。如梁漱溟說：「唯識家雖從有分別入手，歸根還是無得，與般若家無二。無得是佛家的真意。般若、唯識本來是兩條大路同以無得為歸，沒有高下可言。」[48]此言甚得大乘精髓。

　　唯識學所運用的方法，是從現量經驗出發，即人的認知主體於當下此時此地之所感所知。如梁漱溟說，「他既不曾走西洋科學所走那條路，他一直所走的是什麼路呢？原也並無稀奇。只在能把握現量」[49]，而「唯識家又怎能把握得到現量呢？他是由於修習瑜伽。瑜伽就是禪定……佛家的禪定不過是要求真現量罷了」。[50]所以，「所謂唯識家的並非別物，原是佛教瑜伽師去修禪定得的副產物，同時即為佛教瑜伽的說明書」。[51]

　　梁漱溟以白瓶為例作說明，人所認知的現量經驗，究其實，只

---

[47]　同前註，頁 269。
[48]　同前註，頁 269。
[49]　同前註，頁 305。
[50]　同前註，頁 305。
[51]　同前註，頁 305。

是眼所見之「白的」與手所觸之「硬的」這兩個知覺，「就是心理
未起瓶子的意思，乃至未起白的意思，極醇的感覺」。[52]然而，我
們卻認為自己認識到的是「白色的瓶子」這一真實存在的物體，但
其實此乃這兩種感覺湊在一起，由人的理智所創造出來的一個概
念。[53]換言之，「白色的瓶子」這個物體，其實純然只是「事實以
外的設想」，而實際上我們所能認識的，只是藉由眼耳鼻舌等感官
來認知，是一個個各別的經驗。[54]梁漱溟如此解釋：

> 瑜伽師在他現量中對著瓶子不曾有瓶子的意思，對著瓶子的
> 白不曾有白的意思，只那白的感覺灼然非無渾然未劃，見相
> 相同，沒有什麼物我之說。……所謂物我之分，瓶子之念，
> 都不過自家的妄想罷了。因此便說物我之分，瓶子之念，都
> 無事實可得。所有的事實，只這渾然的感覺，亦名曰識，因
> 遂說唯有識。[55]

一切現象之所具有的形貌、色彩等特質，在未經哲學反省的日常經
驗下，這些特質是存在於認知主體之外，作為認知對象而存在。然
而，經由唯識學的分析，這些看似對於「外在」客觀事物的認知，

52　同前註，頁 305。

53　梁漱溟說：「從白的、硬的乃至其他種種意思，構成一個具體的瓶子意思
　　來，這便非比量作用可以行的，乃是出於設想（hypothesis），並且是始
　　終無法可以證實的設想。」同前註，頁 285。

54　同前註，頁 285。

55　同前註，頁 305-306。

其實皆屬於「內在」，是內在於認知主體而存在的。[56]

　　循此思路，則不但「白色的瓶子」被瓦解掉，連「白的」也能被唯識學分析所破解。所以，對唯識家而言，「知白非外有，外白非有，因遂說唯有識」[57]；而對一般人來說，雖然每人各見其白，但感覺相差不遠，大家互以言語相喻，其義若一，於是也就似若大家共一白了。[58]由此，境由心生，每個人其實是生活在不同的世界，但又並非完全不同，誠如梁漱溟說：「我們平常以為大家同在一個世界上的，其實各人各自有他的世界，並非是一。雖然對坐在一間屋裏，而完全在兩個世界上。並且我這世界你始終進不來，你那世界我也沒法進去。」[59]梁漱溟總結道：「總而言之，一切主張並非主張，都是因為能夠把握現量而後發現的事實。」[60]所以，在破執這個功用上，唯識學使得「一切主張並非主張」，因此也達到與般若學相似的效果。

（二）對柏格森哲學的理解

　　柏格森是法國重要哲學家。[61]柏格森主張，真正的實在、實相

56　梁漱溟引述佛典說：「《成唯識論》上說：『內識生時似外境現。』」同
　　前註，頁 303。

57　同前註，頁 306。

58　同前註，頁 306。

59　同前註，頁 304。

60　同前註，頁 306。

61　柏格森是二十世紀上半葉具有廣大影響力的法國哲學家。1878 年從著名
　　的巴黎高等師範學院畢業，1889 年獲得巴黎大學博士學位，1898 年回到
　　母校巴黎高等師範學院教書，1900 年成為法蘭西學院教授，講學二十
　　年，聽者眾多，風靡一時。柏格森於 1927 年獲頒諾貝爾文學獎。在柏格

（Reality）是一種生命之流，只有透過直覺才能認識。柏格森哲學
在新文化運動時期引介進來，風行一時。譬如，1913 年《東方雜
誌》刊載文章介紹柏格森哲學；1918 年，《新青年》也出現文章
介紹柏格森思想；1921 年，《民鐸》雜誌出版「柏格森號」專
刊，刊載與柏格森相關的論文共 18 篇。在此期間，由張東蓀所翻
譯的柏格森重要著作，也陸續由商務印書館出版。[62]受到柏格森哲
學影響的學者，包括梁漱溟、熊十力、張東蓀、張君勱、馮友蘭、
方東美、賀麟等。[63]張君勱還曾經邀請柏格森訪華講學，但柏格森
因故未能成行，後來張君勱在歐洲曾當面拜訪柏格森，並請教有關
直覺方法的問題。[64]可以想見，柏格森思想中，必然有其吸引中國
學者注意的特質。[65]

森著作中，尤以《論意識的直接與料論》、《物質與記憶》、《創造進化
論》及《道德與宗教之二源泉》這四部為代表。參見吳康：《柏格森哲
學》（臺北：臺灣商務印書館，1980 年），頁 3-15。

[62] 參見景海峰：〈論柏格森對現代新儒學思潮的影響〉，《現代哲學》2005
年 3 月，頁 76-82。

[63] 參見張典魁：〈陳立夫《唯生論》與柏格森哲學關係之探討〉，《中正歷
史學刊》2009 年 12 月，頁 157-194。

[64] 張君勱曾請教柏格森，直覺是否相近於精神上的潛修工夫
（Meditation）？而柏格森回答之意是，若將 Meditation 指作印度哲學之
專求超脫於知識分別之上，那麼他並非有這個意思；然則，若將
Meditation 理解為心力集中進行思考，則歐洲任何哲學都不能少此工夫。
參見張君勱：〈法國哲學家柏格森談話記〉，收入程文熙編：《中西印哲
學文集》（下）（臺北：臺灣學生書局，1981 年），頁 1238。

[65] 譬如賀麟說：「我們讀柏格森的書，常會感到一些中國哲學的意味，譬如
他的重哲學而輕科學，他的推崇直覺，講求神秘，他的卻除符號，不要言
詮，都會令我們想起先秦魏晉的老莊和宋明陸王之學。」賀麟：《現代西
方哲學演講集》（上海：上海人民出版社，1984 年），頁 21。

　　梁漱溟在中年時期，曾談及自己對柏格森著作的喜好，說：
「我曾有一個時期致力過佛學，然後轉到儒家。……後來再與西洋
思想印證，覺得最能發揮盡致，使我深感興趣的是生命派哲學，其
主要代表者為柏格森。記得二十年前，余購讀柏氏名著，讀時甚
慢，當時嘗有願心，願有從容時間盡讀柏氏書，是人生一大樂
事。」[66]艾愷（Guy Alitto）1980 年在北京訪問梁漱溟本人，晚年
的梁漱溟也還是提到：「我在哲學思想上最喜歡的，也算是崇拜
吧，是法國的柏格森。」[67]根據艾愷的說法，梁漱溟最受到柏格森
《創造進化論》中關於直覺、理智等論述方面的影響，但對於柏格
森 1921 年以前的其他著作不大熟悉。[68]

　　前面提到，西方哲學在現代的形上學危機。依據梁漱溟對柏格
森的理解，柏格森能針對康德哲學的不足而提出自身的方法論，如
梁漱溟所言：

> 柏格森自己說他的哲學方法是出乎康德對一般形而上學之反
> 對之外的，是要把從康德以來被康德打斷了的形而上學與科
> 學再搭一個橋接通。[69]

---

[66] 梁漱溟：〈中西學術之不同〉，《朝話》，《梁漱溟全集》（第二卷），
頁 126。

[67] 梁漱溟口述，艾愷採訪：《這個世界會好嗎？》（臺北：五南圖書出版公
司，2008 年），頁 110。

[68] 艾愷（Guy Alitto）著，王宗昱、冀建中譯：《最後的儒家：梁漱溟與中國
現代化的兩難》（*Liang Shu-ming and the Chinese Dilemma of Modernity*）
（南京：江蘇人民出版社，2003 年），頁 68，注 1。

[69] 梁漱溟：《唯識述義》，頁 275。

康德直以為智慧只是概念作用，除概念更不會別的了，知識
只是數學的，想造一大數學的網把宇宙籠罩了。[70]

既然，康德認為人只能感知現象而無法認識物自身，而感知都是
能、所對立的，那麼，柏格森提出以「直覺」來跳脫能、所對立之
舊有認識模式，「他的方法即所謂直覺（Intuition）」，[71]「柏格
森講說他的直覺，開口就標出能覺的我要加入所覺裏頭去，不在所
覺外邊轉」。[72]此外，過去形上學是以類似數學的抽象概念來建
立，然而形上學的途徑未必只允許這一種型態，因此，要轉變過去
以數學以概念來講形上學，譬如柏格森以生物學來講哲學，就是重
經驗而非重概念。簡要言之，柏格森哲學既是對認識論也是對方法
論進行反省。

（三）以「直覺」解決西方哲學的形上學危機

對於西方哲學的形上學危機，梁漱溟提出解決之道，說：

我看形而上學是有個方法的，有他唯一的方法的，這個方法
便是唯識學用的方法。[73]

並且，這個「形上學的新方法，且比羅素、柏格森的方法為滿意，

70　同前註，頁 276。
71　同前註，頁 275。
72　同前註，頁 275-276。
73　同前註，頁 278。

為可信任」[74]。這個方法是什麼呢？直言之，就是對唯識學與柏格森哲學進行會通，從而提煉出梁漱溟自己的「直覺」說。因此，梁漱溟的「直覺」概念，並不完全是取自於柏格森哲學，而是有梁漱溟自己所創發的見解在其中。[75]

梁漱溟首先運用唯識學的概念來說明。唯識學有所謂「三量」，即：現量、比量、非量，其實就是三種心理的作用，也是構成知識的三種方法。[76]

現量，是指透過眼、耳、鼻、舌、身、意六識，於當下所感覺之色、聲、香、味、觸、法，是在了別、辨別或判斷、思維等活動之前的純粹經驗，是無能所對立的，「所謂『現量』就是感覺（Sensation）」。[77]

比量，「即是今所謂『理智』。是我們心理方面去構成知識的一種作用。對現量經驗進行了別、辨認、揀別而形成感知與見解。」[78]

非量，則指似現量與似比量，但其實非現量亦非比量，是錯誤

74　梁漱溟：《東西文化及其哲學》，頁413。

75　現代學者指出，中國古代本無「直覺」一詞，將 intuition 譯為「直覺」的是近代日本學者。參見許全興：〈中國哲學直覺論思想的形成與發展〉，《河北學刊》第28卷第4期，2007年7月，頁33-38。

76　如梁漱溟說：「唯識家講知識所常用的名詞就是『現量』、『比量』、『非量』（參看我著的《印度哲學概論》及《唯識述義》）。我們觀察知識，即要曉得知識如何構成的。知識之構成，照我們的意思，即由於此三量。此三量是心理方面的三種作用，一切知識皆成於此三種作用之上。」梁漱溟：《東西文化及其哲學》，頁397。

77　同前註，頁397。

78　同前註，頁398。

的覺知與推論。

　　梁漱溟認為，譬如純用理性所建立的科學領域，這可稱為是「純用比量經營而成」；而依賴經驗而建立的科學領域，則可稱之為「兼用現比經營而成，雖帶著非量走卻非從非量生」；[79]至於西方傳統形上學，在梁漱溟看來，是只有比量而無現量，「滿篇非量，即所謂臆談」。[80]

　　梁漱溟「直覺」說的理論背景，即建立在對唯識學「三量」的說法上。他說：

> 從現量的感覺到比量的抽象概念，中間還須有「直覺」之一階段；單靠現量與比量是不成功的。這個話是我對於唯識家的修訂。[81]

其實，梁漱溟講「直覺」有其與非量相近的意思，但他補充說道「直覺」其實有著積極的意思，他說：「直覺就是非量……但是我們所以不用『非量』，而用直覺者，因為唯識家所謂『非量』係包括『似現量』與『似比量』而言，乃是消極的名詞，否定的名詞，表示不出於現量比量之外的一種特殊心理作用，故不如用直覺為當。」[82]以上是以唯識學來解釋「直覺」。同時，亦可以柏格森哲學來解釋，誠如梁漱溟所言：

79　梁漱溟：《唯識述義》，頁 279。
80　同前註，頁 278。
81　梁漱溟：《東西文化及其哲學》，頁 400。
82　同前註，頁 401。

> 柏格森之所成就的，卻又與唯識學頗相密合。假使無柏格森
> 開其先，或者唯識學還不好講……唯以有進化論後所產生、
> 所影響之科學如生物學、心理學及其他，所演出、所影響之
> 哲學如實驗主義、柏格森及其他，而後佛家對宇宙的說明洞
> 然宣達，印度化才好講，唯識方法才好講。[83]

這是從西方哲學發展的眼光，來建立唯識學在現代的價值。

綜前所論，「直覺」既是梁漱溟對唯識學作修訂而後提出的概
念，同時也是柏格森哲學中的概念意涵。梁漱溟的「直覺」融合了
唯識學與柏格森哲學，有東西哲學會通之意，以「直覺」作為形上
學方法論，可以解決西方哲學在現代的形上學危機。

四、東方哲學價值危機的解決之道

在此，梁漱溟藉由儒學與柏格森哲學之間的會通，賦予「直
覺」倫理學上的意涵，以作為東方哲學價值危機的解決之道。

（一）對儒學的理解

新文化運動的特點是輸入西學、批判傳統。在此氣氛下，梁漱
溟在課堂上講授儒家與佛家，壓力之大可以想見。當時，來聽講梁
漱溟儒家哲學這門課的學生，曾多達二百餘人，包括許多旁聽學
生。[84]這其中，有些學生是抱著不認同的心態，「來聽聽他荒謬到什

83　梁漱溟：《唯識述義》，頁 279-280。

84　如梁漱溟說：「當一九二三年前若後，我講儒家思想一課，來聽講的通常
　　總在二百人左右。」見梁漱溟：〈五四運動前後的北京大學〉，《憶往談

麼程度」。[85]梁漱溟經常為備課而夜不就席，失眠毛病困擾終身。[86]

　　不過，梁漱溟雖支持儒家，但並不認同於當時反對新文化運動的舊派，譬如《國故》一派。[87]在梁漱溟看來，當《新青年》詰問舊派「孔子真精神是什麼？價值何在？」之時，舊派未能直接就此質疑提出有力的回應，仍埋首於舊學之中。[88]梁漱溟曾批評說，「那《國故》只堆積一些陳舊古董而已」，「那些死板板爛貨也配和人家對壘嗎」？以致於「現在談及中國舊文化便羞於出口，孔子的道理成了不敢見人的東西」。[89]

　　作風洋派，深受學生歡迎的胡適，在 1919 年出版的《中國哲學史大綱》一書，以西方哲學概念來解釋中國古代思想，影響很大。所謂君子和而不同，儘管同為北大學者，梁漱溟並不忌諱對胡適甚至蔡元培的觀點提出批評，這自然也得力於蔡元培以「兼容并包」的治校理念，塑造了北大著名的自由學風。胡適在《中國哲學史大綱》一書中有一段話：「仁就是理想的人道，盡人道即是仁，

　　舊錄》（西安：陝西師範大學出版社，2009 年），頁 44。又如梁漱溟說：「此課聽講者約二百人，期末考卷有九十多份，此數即為註冊之學生，如馮友蘭、朱自清、顧頡剛、孫本文諸位均是如此得與我相聚於課堂的。至於其餘半數即為自由聽講者：有的來自其他高校，有的來自社會。蓋當時北大對外開放，任人來聽課。」見梁漱溟：〈值得感念的歲月〉，《我生有涯願無盡》（北京：中國人民大學出版社，2011 年），頁 116。

85　梁漱溟：〈五四運動前後的北京大學〉，頁 45。

86　參見梁培寬：〈先父梁漱溟與北京大學〉，頁 99-100。

87　「國故」一詞常見於民初學界，譬如章太炎於 1910 年出版的《國故論衡》一書。1919 年，在劉師培主導下，《國故月刊》成立，即外界所稱《國故》派。

88　梁漱溟：〈值得感念的歲月〉，《我生有涯願無盡》，頁 118。

89　梁培寬：〈先父梁漱溟與北京大學〉，頁 101。

蔡子民《中國倫理學史》說，孔子所說的仁乃是『統攝諸德完成人格之名。』這話甚是。」然而，梁漱溟對蔡、胡批評毫不留情，說：「這樣籠統空蕩蕩的說法，雖然表面上無可非議，然他的價值也只可到無可非議而止，並不能讓我們心裡明白，我們聽了仍舊莫名其妙。這因為他根本就不明白孔子的道理，所以他就不能說出使我們明白。」[90]

清代有所謂漢、宋之爭，最早是對於漢代學者及宋代學者，在治經方式上的差異而言。漢代學者重視訓詁名物，以考據方式趨近儒家典籍，從客觀立場求見其本義；宋代學者則重視群經大義，多從義理方面去闡發，以求經典之引申義，且並不完全將經典視為是己身之外的客觀議題來探索。梁漱溟自然是較為傾向宋學，而對於漢學治經方式有所批評，譬如他說：

> 他們漢人治經只算研究古物，於孔子的人生生活並不著意，只有外面的研究而沒有內心的研究。[91]

此言甚是。然而，若對民初學術界有所知悉，便可想見，梁漱溟之治學立場，在當時顯得多麼不合時宜，且以當時極具影響力的清華學校國學研究院之四大導師為例，即梁啟超、王國維、陳寅恪、趙元任四位學者，或是承續清代乾嘉之風，或是受學於東洋、西洋，以語言文獻學（Philology）為途徑的漢學（Sinology）之影響，即可觀此一代學風之趨向。

90　梁漱溟：《東西文化及其哲學》，頁 453。
91　同前註，頁 473。

　　那麼，梁漱溟講授孔子思想，有何獨到之處呢？其實，正如前
所言，梁漱溟對於大乘佛學，能以簡單明瞭的話，直探其要旨，而
非徒知徵引文獻，這一特點若放在梁漱溟對儒家的理解來說，亦十
分貼切。何謂孔子的生活？梁漱溟說得簡潔有力：「在我心中代表
儒家道理的是『生』」，「這一個『生』字是最重要的觀念，知道
這個就可以知道所有孔家的話」，就是出於「以生活為對，為好的
態度」。[92]此外，梁漱溟將宋代理學與孔子思想區隔開來。譬如，
理學家喜歡從形上學本體論的角度來闡述儒學，這是梁漱溟不很贊
成的；推測其用意，乃是為突顯孔子的靈活性。譬如梁漱溟說：

> 宋明學家算是能把孔子的人生重新提出的，大體上沒有十分
> 的不對，所有的不對，只在認定外面而成了極端的態度和固
> 執。[93]

梁漱溟認為，宋儒「把一個道理認成天經地義」[94]，孔子則並非如
此，他說：「孔子有一個很重要的態度就是一切不認定。」[95]道德
之義理、信念、守則等固然好，但若是過於把持原則，也是一種執
著，「所以一般人心理總是有許多道理、見解、主張的，而孔子則
無成心」。[96]

　　因此，梁漱溟指出，如果從尋求一定理、原則的目標來看待孔

---

[92]　同前註，頁 448。
[93]　同前註，頁 450。
[94]　同前註，頁 450。
[95]　同前註，頁 450。
[96]　同前註，頁 451。

子，則會發覺孔子所言常自相矛盾，譬如孔子既說「釣而不網，弋
不射宿」，又說「君子遠庖廚」，那麼「既要釣何如網，既不網也
就莫釣；既要弋就射宿，既不射宿也就莫弋；既不忍食肉就不要殺
生，既殺生又何必遠庖廚」？[97]對於孔子所言，梁漱溟以略帶誇
大、正言若反的方式說：

> 一般人是要講理的，孔子是不講理的，一般人是求其通的；
> 孔子簡直不通！然而結果一般人之通卻成不通，而孔子之不
> 通則通之至。蓋孔子總任他的直覺，沒有自己打架，而一般
> 人念念講理，事實上只講一半，要用理智推理，結果仍得憑
> 直覺。[98]

孔子雖然不講理，但是，孔子的理就蘊含在情之中，情理自然合
一。在此，也就帶出了梁漱溟以「直覺」來解釋孔子的「仁」這一
獨特的理解。

（二）以「直覺」解決東方哲學的價值危機

梁漱溟以「直覺」來解釋儒家的「仁」，有其獨創之處。

什麼是直覺呢？梁漱溟說，就是「遇事他便當下隨感而應」，
如儒家所言「天命之謂性，率性之謂道」，「只要你率性就好了，

---

97 同前註，頁 451。案，「釣而不網」在《論語》中應作「綱」，此處依照
　　梁漱溟原書不做更改。參見魏・何晏注，宋・邢昺疏：《論語注疏》，收
　　入清・阮元校刻：《十三經注疏》（臺北：藝文印書館，1979 年），頁
　　63。
98 同前註，頁 451。

所以就又說這是夫婦之愚可以與知與能的。這個知和能，也就是孟子所說的不慮而知的良知，不學而能的良能，在今日我們謂之直覺」。[99]梁漱溟再解釋說：

> 其實我們生活中處處受直覺的支配，實在說不上來「為什麼」的。你一笑、一哭，都有一個「為什麼」，都有一個「用處」嗎？這都是隨感而應的直覺而已。那孝也不過是兒女對其父母所有的一直覺而已。[100]

又如孟子所言：「心之所同然者何也？謂理也，義也。聖人先得我心之所同然耳。理義之悅我心，猶芻豢之悅我口。」[101]因此，「這種直覺人所本有，並且原非常敏銳，除非有了雜染習慣的時節。你怎樣能復他本然敏銳，他就可以活動自如，不失規矩。」[102]

那麼，既然「此敏銳的直覺就是孔子所謂仁」[103]，而若落實在工夫論上，則梁漱溟是這樣發揮的：

> 儒家完全要聽憑直覺，所以唯一重要的就在直覺敏銳明利；而唯一怕的就在直覺遲鈍麻痺。所有的惡，都由於直覺麻痺，更無別的原故，所以孔子教人就是「求仁」。[104]

99　同前註，頁 452。
100　同前註，頁 461。
101　《孟子‧告子上》。
102　梁漱溟：《東西文化及其哲學》，頁 452。
103　同前註，453。
104　同前註，頁 454。

說到此處，論者或質疑，對於同一件事，每個人直覺所感所應未必相同，那麼是否這就意味沒有一套確實的道德標準可為依循呢？對於這類質疑，梁漱溟解釋說：「大家要曉得，天理不是認定的一個客觀道理，如臣當忠，子當孝之類；是我自己生命自然變化流行之理。」[105]這顯然是陸王一系的心學立場，從內心尋求標準，而非外在客觀的行為準則，因此說「美德要真自內發的直覺而來才算」，若僅只是出自於習慣，那也不能算是真道德。[106]

此外，梁漱溟還主張，直覺是非算計之心，這一說法亦頗為創發，他說：

> 最與仁相違的生活就是算帳的生活。所謂不仁的人，不是別的，就是算帳的人。……算計不必為惡，然算計實唯一妨害仁的，妨害仁的更無其他；不算帳為必善，然仁的心理卻不致妨害。[107]

梁漱溟並以當時陳煥章孔教會為例，批評道：「陳煥章辦孔教會，我們一看所謂孔教者，直使人莫名其妙。而尤使我心裡難過的，則其所為建築教堂募捐啟；細細開列：捐二十萬的，怎樣鑄全身銅像；捐十萬的，怎樣鑄半身銅像；捐五萬的，怎樣建碑；捐幾千的怎樣；捐幾百的怎樣；煞費計算之精心，引逗世人計量我出多少錢買多大的名好呢？我看了只有嘔吐，說不上話來。」[108]所謂「算

---

[105] 同前註，頁454。
[106] 同前註，頁458。
[107] 同前註，頁461。
[108] 同前註，頁464。

賬」、「算計」，早在法家《韓非子》中即有對人性陰暗面的觀察：「人為嬰兒也，父母養之簡，子長而怨。子盛壯成人，其供養薄，父母怒而誚之。子、父，至親也，而或譙、或怨者，皆挾相為而不周於為己也。」[109]又：「父母之於子也，猶用計算之心以相待也，而況無父子之澤乎！」[110]法家從負面角度觀察人性，不無道理；孔孟儒家則從正面角度來看人性。人情世故、送往迎來之應酬，確實往往有著算計在其中，在心底撥著人情的算盤，一點一滴，斤斤計較。然而，性惡論雖是對人性現實之觀察，其實乃僅就「實然」層面而言；而性善論則是放眼於人性中非算計之善念，即孟子所言「人皆有不忍人之心者，今人乍見孺子將入於井，皆有怵惕惻隱之心；非所以內交於孺子之父母也，非所以要譽於鄉黨朋友也，非惡其聲而然也」。[111]即使只是一剎那間的不忍之心，一絲無算計之善念，孔孟儒家則因此願意相信，這是人性所共通且為「應然」的。

綜前所論，梁漱溟以「直覺」作為倫理學意涵來疏解孔子的仁，可說是對儒學賦予現代詮釋，以此來解決東方哲學在現代的價值危機。此外，其「直覺」概念的背後，亦隱藏著對唯識學與柏格森哲學的觀照，自然也有東西思想會通之意。

五、結論

本文從文獻入手，探討梁漱溟早期出版的《東西文化及其哲

---

109 《韓非子·外儲說左上》。

110 《韓非子·六反》。

111 《孟子·公孫丑上》。

學》及《唯識述義》，發現其中確實存在著一條思想線索，亦即對
東西哲學在現代的危機有所反思。對於西方哲學的形上學危機，以
方法論意涵的「直覺」作為解決之道；對於東方哲學的價值危機，
以倫理學意涵的「直覺」作為解決之道。梁漱溟的論述，清晰而明
確。明乎此，方能對牟宗三稱譽《東西文化及其哲學》是一部「自
成一家之言」，是「一條主脈貫穿而下，像螺絲釘鑽縫入几的深造
自得之作」，有所同感。[112]

　　儘管梁漱溟晚期對「直覺」一說有所調整[113]，但他早期的主
張對於其他新儒家學者頗有影響。[114]譬如賀麟說：「中國思想界
近一二十年來，第一個倡導直覺說最有力量的人當然要推梁漱溟先
生……梁漱溟先生最早引起我注意直覺問題，於是我乃由梁漱溟先

---

[112] 牟宗三：〈我所認識的梁漱溟〉，頁29。

[113] 譬如，梁漱溟於 1980 年〈致黃河清〉信中說：「《東西文化及其哲
學》……濫引西人近代學者所用本能（instinct）、直覺（intuition）等名
詞術語……吾故深悔昔年之所為。」梁漱溟：〈致黃河清〉，《梁漱溟全
集》（第八卷）（濟南：山東人民出版社，1994 年），頁 285-286。又
如，同一年梁漱溟接受艾愷訪問提到：「六十年前的書，解釋孔子的時
候，用那個『直覺』，用那個『本能』，不妥當。」梁漱溟口述，艾愷採
訪：《這個世界會好嗎？》，頁 63。

[114] 譬如顏炳罡認為，梁漱溟以敏銳的直覺釋仁，帶有柏格森直覺主義的色
彩，開啟了當代新儒家即理智而超理智的思考路向，後來如熊十力的「性
智」，到牟宗三的「智的直覺」以及唐君毅的「圓而神」，皆與梁漱溟同
調而更為縝密且周詳。顏炳罡：〈仁‧直覺‧生活態度──梁漱溟對孔子
哲學的創造性詮釋〉，《東嶽論叢》第 25 卷第 5 期，2004 年 9 月，頁
86-90。

生的直覺說，且更推廣去研究西洋哲學對於直覺的說法。」[115]唐
君毅對梁漱溟也評價甚高：「在我心裡面，我覺得真正的人物，到
現在我一直都沒有變的，是兩個人，都是在我 19 歲以前認識的，
一個是在北京時的梁漱溟先生。……他是一個對學問真誠的人……
他講中國文化是直覺的。這個在我年輕的時候，很不能接受……後
來歲數越大了，我把直覺的地位一步一步的擺得越高。」[116]總的
來說，梁漱溟即使在思想後期，依然走的是會通中西思想而後對儒
學進行創造性詮釋之路徑，這一點，顯然為其他新儒家學者所承
傳。

　　一直以來，柏格森哲學被認為是在形上學的層面上；在歐陸哲
學方面，除柏格森外，其實不乏「直覺」的討論，著名者如康德
「智的直覺」，胡塞爾「本質直覺」則與康德「智的直覺」有若干
相通之處，亦即直覺的對象是物自身，然而對於康德以智的直覺乃
歸於上帝而人不能擁有這一點並不贊同。[117]以上皆是就形上學層
面而言。

　　英美哲學則是從倫理學層面來討論直覺，譬如二十世紀英國的
直覺主義（Intuitionism），以摩爾（G.E. Moore）、普里查特
（H.A. Prichard）及羅斯（W. David Ross）為代表。直覺主義者聲

---

[115] 賀麟：《近代唯心論簡釋》（上海：上海人民出版社，1942 年），頁 87-
88。

[116] 唐君毅：〈梁漱溟先生與我〉，馬勇主編：《末代碩儒──名人筆下的梁
漱溟、梁漱溟筆下的名人》（上海：東方出版中心，1998 年），頁 25-
26。

[117] 吳汝鈞：《新哲學概論：通俗性與當代性》（臺北：臺灣學生書局，2016
年），頁 420-422。

稱，我們對於行動的對錯，事物的好壞等道德真理，可以藉著直覺得到，毋須提出理由去說明。直覺主義常喜以數學類比道德：道德真理是自明的（self-evident），一如數學真理，如 4＋4＝8。張君勱從東西哲學會通的角度進行思索，認為孟子致良知說與英國直覺主義倫理學如摩爾、羅斯等人有一交會點，都同意在道德知識上有先天而直接的洞察（insight），這是東西方值得注目的思想交會。[118]進入二十一世紀，直覺主義有新的發展，若干英美當代學者抱持直覺主義倫理學。[119]此外，近年來西方哲學界興起一股新潮流，重視體驗的、經驗的哲學又重新回到思想界的視域中，並結合近十餘年來具有重大發展的認知科學、大腦科學、心理學等，進行跨領域思考，而在倫理學、道德哲學上產生所謂「實驗哲學」（Experimental Philosophy），以科學實驗的方法來探討哲學問題。[120]

---

[118] 張君勱：〈孟子致良知說與當代英國直覺主義倫理學之比較〉，《鵝湖月刊》第 4 卷第 4 期，1978 年 10 月，頁 26-30。

[119] 諸如 Robert Audi, Jonathan Dancy, Michael Huemer 等，參見 Sabine Roeser, *Moral Emotions and Intuitions*, Palgrave Macmillan, 2011。有關這一主題的書籍，略舉幾本如下：Joel Pust, *Intuitions as Evidence*, Routledge, 2000; Michael Huemer, *Ethical Intuitionism*, Palgrave Macmillan, 2005。

[120] 譬如 Michael DePaul ed., *Rethinking Intuition: The Psychology of Intuition and its Role in Philosophical Inquiry*, Rowman & Littlefield Publishers, 1998. 其實，古希臘時代，哲學與科學原本是一家，而近代以來科學取得優先地位，哲學往往成了被影響的一方，譬如進化論雖是生物學領域，但卻深刻影響到哲學思想，對民初思想影響甚鉅。參見吳丕：《進化論與中國激進主義，1859-1924》（北京：北京大學出版社，2007 年）以及浦嘉珉著，鍾永強譯：《中國與達爾文》（*China and Charles Darwin*）（南京：江蘇人民出版社，2014 年）。

　　梁漱溟的「直覺」說，兼具形上學及倫理學兩個層面，具有兩重意涵，這是其「直覺」說的特殊之處。推測其中緣由，或有可能是這樣的：在西方哲學的範疇裡，形上學與倫理學是分開討論的；而在中國哲學中，形上學、倫理學未必分開，譬如王陽明良知之學，良知既是道德心，也是宇宙萬化之根，意即它既是倫理學範疇，也是形上學範疇。

　　至於梁漱溟提出「直覺」，希望解決東西哲學的危機，其價值為何？以下從兩方面來談。

　　首先，在西方哲學的形上學危機這一方面。

　　梁漱溟對西方哲學發展史頗能掌握其大要，更有甚者，梁漱溟以「直覺」作為西方哲學形上危機的解決之道，與同時代的胡塞爾現象學頗有相通之處，即轉向主體、轉向意識。

　　依據胡塞爾的生平及著作年表，梁漱溟在兩本著作出版的1921 年之前，應該不大可能讀過胡塞爾的書，主要是梁漱溟必須仰賴翻譯才能閱讀，且當時胡塞爾著作皆以德文書寫，譯成英文出版是多年後的事。但如同胡塞爾反思西方古典形上學，而以意識之流作為無可質疑的出發點要來重新出發，[121]梁漱溟亦以反思西方古典形上學為起點，而歸結到意識作為解決之道。

　　轉向主體、轉向意識，這一哥白尼式迴轉是二十世紀以來現象學運動對西方哲學的突破，而主體、意識也正是儒家心學、佛家的關懷所在，且也呼應於近些年來的心靈哲學（Philosophy of Mind）、意識哲學（Philosophy of Consciousness）等思潮。梁漱溟給予我們的啟發在於，他融通東西哲學，結合哲學、科學、心理

121　蔡美麗：《胡塞爾》（臺北：東大圖書公司，1990 年），頁 54、167。

學、醫學、社會科學等古今新舊之學，跨越時間、空間、學科上的限制，這是具有創造性的哲學探索。這一路徑，值得繼續努力。譬如，瑞士學者耿寧（Iso Kern）的《心的現象——耿寧心性現象學研究文集》一書，便是結合現象學來進行中國哲學的探討。[122]

其次，在東方哲學的價值危機這一方面。

梁漱溟在思想探索的過程中，自然而然地將儒、佛二家提升到與西學平起平坐的地位。在當時一片反傳統的聲浪中，逆流而起，返本開新，賦予儒、佛二家新的時代意義，走出一條既非全盤西化新派、亦非國故舊派之路，可謂不負其赴北大講學之初衷。當然，這也正是新儒家所走的路。梁漱溟將東西哲學皆視之為思想資源而取為己用，且不標新以逐風尚，亦不崇古以誇博識，真誠治學，懇切思索，這一風範值得學習。

---

[122] 耿寧（Iso Kern）：《心的現象——耿寧心性現象學研究文集》（北京：商務印書館，2012 年）。

引用書目

一、古籍

東漢・趙岐注，宋・孫奭疏：《孟子注疏》，臺北：藝文印書館，1979 年，
　　清・阮元校刻《十三經注疏》本。

清・王先慎集解：《韓非子》，臺北：臺灣商務印書館，1969 年。

二、近人論著

王宗昱：〈梁漱溟的佛教修行〉，《鵝湖月刊》第 29 卷第 6 期，2003 年 12
　　月，頁 30-34。

牟宗三：〈我所認識的梁漱溟先生〉，《時代與感受續編》，《牟宗三先生
　　全集》（第 24 冊），臺北：聯經出版公司，2003 年。

艾愷（Alitto, Guy）著，王宗昱、冀建中譯：《最後的儒家：梁漱溟與中國現
　　代化的兩難》（*Liang Shu-ming and the Chinese Dilemma of Modernity*），
　　南京：江蘇人民出版社，2003 年。

吳丕：《進化論與中國激進主義，1859-1924》，北京：北京大學出版社，
　　2007 年。

吳汝鈞：《新哲學概論：通俗性與當代性》，臺北：臺灣學生書局，2016
　　年。

吳展良：〈中國現代保守主義的起點：梁漱溟的生生思想及其對西方理性主
　　義的批判（1915-1923）〉，收入劉述先主編《當代儒學論集：傳統與
　　創新》，臺北：中研院文哲所，1995 年，頁 77-117。

吳康：《柏格森哲學》，臺北：臺灣商務印書館，1980 年。

杜保瑞：〈從當代儒佛辯諍談中國哲學研究視野〉，《哲學與文化》第 40 卷
　　第 8 期，2013 年 8 月，頁 97-114。

林安梧：〈梁漱溟及其文化三期重現說——梁著《東西文化及其哲學》的省
　　察與試探〉，《鵝湖月刊》第 7 卷第 5 期，1981 年 11 月，頁 23-32。

周策縱著，周子平等譯：《五四運動：現代中國的思想革命》（*The May
　　Forth Movement: Intellectual Revolution in Modern China*），南京：江蘇

人民出版社，1996 年。

唐君毅：〈梁漱溟先生與我〉，收入馬勇編，《末代碩儒——名人筆下的梁
　　漱溟、梁漱溟筆下的名人》，上海：東方出版中心，1998 年。

耿寧（Kern, Iso）：《心的現象——耿寧心性現象學研究文集》，北京：商務
　　印書館，2012 年。

浦嘉珉著，鍾永強譯：《中國與達爾文》（*China and Charles Darwin*），南
　　京：江蘇人民出版社，2014 年。

陳來：〈梁漱溟與習靜之功〉，《鵝湖月刊》第 34 卷第 11 期，2009 年 5
　　月，頁 7-20。

許全興：〈中國哲學直覺論思想的形成與發展〉，《河北學刊》第 28 卷第 4
　　期，2007 年 7 月，頁 33-38。

梁培寬：〈先父梁漱溟與北京大學〉，收入梁培寬、梁培恕，《父親梁漱
　　溟》，武漢：長江文藝出版社，2014 年。

梁漱溟：〈五四運動前後的北京大學〉，《憶往談舊錄》，西安：陝西師範
　　大學出版社，2009 年。

———：〈中西學術之不同〉，《朝話》，《梁漱溟全集》（第二卷），濟
　　南：山東人民出版社，1994 年。

———：《自述》，《梁漱溟全集》（第二卷），濟南：山東人民出版社，
　　1994 年。

———：《東西文化及其哲學》，《梁漱溟全集》（第一卷），濟南：山東
　　人民出版社，1994 年。

———：〈致黃河清〉，《梁漱溟全集》（第八卷），濟南：山東人民出版
　　社，1994 年。

———：〈值得感念的歲月〉，《我生有涯願無盡》，北京：中國人民大學
　　出版社，2011 年。

———：《唯識述義》，《梁漱溟全集》（第一卷），濟南：山東人民出版
　　社，1994 年。

———：〈關於講授唯識哲學課的啟事〉，《梁漱溟全集》（第四卷），濟
　　南：山東人民出版社，1991 年。

梁漱溟口述，艾愷採訪：《這個世界會好嗎？》，臺北：五南圖書出版公

司，2008 年。

張君勱：〈孟子致良知說與當代英國直覺主義倫理學之比較〉，《鵝湖月刊》第 4 卷第 4 期，1978 年 10 月，頁 26-30。

———：〈法國哲學家柏格森談話記〉，收入程文熙編，《中西印哲學文集》（下），臺北：臺灣學生書局，1981 年。

張典魁：〈陳立夫《唯生論》與柏格森哲學關係之探討〉，《中正歷史學刊》2009 年 12 月，頁 157-194。

景海峰：〈論柏格森對現代新儒學思潮的影響〉，《現代哲學》2005 年 3 月，頁 76-82。

賀麟：《近代唯心論簡釋》，上海：上海人民出版社，1942 年。

———：《現代西方哲學演講集》，上海：上海人民出版社，1984 年。

蔡美麗：《胡塞爾》，臺北：東大圖書公司，1990 年。

顏炳罡：〈仁‧直覺‧生活態度——梁漱溟對孔子哲學的創造性詮釋〉，《東嶽論叢》第 25 卷第 5 期，2004 年 9 月，頁 86-90。

DePaul, Michael ed. *Rethinking Intuition: The Psychology of Intuition and its Role in Philosophical Inquiry*, Rowman & Littlefield Publishers, 1998.

Huemer, Michael. *Ethical Intuitionism*, Palgrave Macmillan, 2005.

Pust, Joel. *Intuitions as Evidence*, Routledge, 2000.

Roeser, Sabine. *Moral Emotions and Intuitions*, Palgrave Macmillan, 2011.

梁漱溟「自覺」及其與佛教「菩提心」之比較

一、前言

　　儒家的關懷是成德之學，而德性修養需要有其能操作的主體，同時也是具體工夫所操作之處，此即心之本體。在儒學中，特別是孟子、陽明這一系，有關本體與工夫的討論相當多，心之本體即是良知，不學而能、不慮而知。在梁漱溟先生而言，則以「自覺」來稱呼心之本體，而長養此一「自覺」，即是梁漱溟最為看重的修養工夫。從孟子、陽明的良知到梁漱溟的「自覺」，這是道德修養的基礎，以此為起點來開展修養之道。

　　畢竟說來，關心成德之學的有志之士，終究會觸碰到一個課題：成德之學難道就只是一些價值理念？一套禮儀規範？或是一種生活方式？事實上，成德之學固然包含價值理念、禮儀規範、生活方式等，但這些離其核心其實或遠或近，並不是非其不可的。那麼，什麼才是成德之學的最核心？能不能找到一個最為根本、退無可退的立基石？各個文化、各種傳統之下的精神修養之學，理論上可以極為繁複、精緻、細密，但在實踐上可以是很簡單的。那麼，什麼是最為簡單、可依之而行的方法呢？這是本文探討梁漱溟思想

的切入點。

　　相較於其他新儒家學者如熊十力、牟宗三等諸位先生，傾向於形而上學的論說方式，梁漱溟對「自覺」的討論較為形而下，其中且多有體驗語，能從人們的經驗中直接指點，特別予人親切之感。現今學界對梁漱溟的研究，未見以「自覺」作為主題。本文試予探討，並將梁漱溟「自覺」與佛教中的「菩提心」相互比較，主要是因為這兩者之間頗有相似之處，但也有相異之處，且梁漱溟本身乃儒佛兼具，在思想及立身處世上，既是儒家也是佛家，這一對照可以讓梁漱溟的觀點更為明晰，並藉此彰顯儒佛兩家的異同。

二、梁漱溟論「自覺」

　　梁漱溟所言「自覺」，主要見於他對《大學》的解釋，以及生平最後力作《人心與人生》一書，後者也是梁漱溟本人最為珍視的著作。[1]以下分兩個部分討論。

（一）何謂「自覺」？

1.「自覺」即是良知、明德、獨知

　　梁漱溟所言的「自覺」，有他所指的特殊意涵，並不能完全以一般所理解的意思來看待，而放在儒家的語彙來說，其實就是孟

---

[1]　梁漱溟對於《大學》的理解，主要得自伍庸伯先生，相關文獻見梁漱溟：《禮記大學篇伍嚴兩家解說》，《梁漱溟全集》（第四卷）（濟南：山東人民出版社，1991 年），其中收錄包括〈禮記大學篇伍嚴兩家解說合印敘〉、〈禮記大學篇伍氏學說綜述〉等文。

子、陽明的「良知」，也是《大學》「明明德」中的「明德」，亦即《大學》、《中庸》慎獨之學中的「獨知」，是本心，也是「性體」、「本體」。[2]如梁漱溟說：

> 我這裡所說人心內蘊之自覺，其在中國古人即所謂「良知」又或云「獨知」者是已。良知一詞先見於《孟子》書中，孟子嘗以「不學而能，不慮而知」指示給人。後來明儒王陽明大力闡揚「致良知」之說，世所習聞。獨知一詞則涵於《大學》、《中庸》兩書所諄諄切切的慎獨學說中。其曰獨知者，內心默然炯然，不與物對，他人不及知而自家瞞昧不得也。[3]

以上提到的都是異名同指，在不同的文本脈絡下，各有其所要表述、彰顯的意涵。譬如，《孟子》言「良知」，乃強調其先天性的意思，指的是不需要加以學習，也就是「不學而知」、「不慮而能」。至於《大學》中的「明德」，依據朱熹注：「明德者，人之所得乎天，而虛靈不昧，以具眾理而應萬事者也。但為氣稟所拘，人欲所蔽，則有時而昏；然其本體之明，則有未嘗息者。」[4]這是以理氣論來解釋人的本心，明德有光明、德性之意涵。至於慎獨之

2　梁漱溟：〈禮記大學篇伍氏學說綜述〉，《禮記大學篇伍嚴兩家解說》，《梁漱溟全集》（第四卷）頁 89。按，此文是梁漱溟所寫，以他對伍庸伯先生之意的瞭解綜合述之，也有不少梁漱溟自己推闡發明之語，自己口氣出之，其有援引伍庸伯處，必先點明。

3　梁漱溟：《人心與人生》（臺北：谷風出版社，1987 年），頁 161-162。

4　宋·朱熹：《大學章句集注》（臺北：世界書局，1967 年），頁 1。

學中的「獨知」，它不與物對，也就是不以外界的一個對象作為感知的對象，而是向內心覺照，據梁漱溟所言，是「內心默然炯然，不與物對，他人不及知而自家瞞昧不得也」[5]，唯獨為己心所知之意。

統整來看，既然自覺即是良知、明德、獨知，則自覺乃具有不學而知的先天性，又具有眾多美好德性，且是向內覺照、自我省察的。此外，從梁漱溟對儒家典籍與儒家先賢之學的詮釋，不僅可以得見梁漱溟思想上的學脈傳承，同時也可看出他六經注我的思想家特質。

2.「自覺」亦是宇宙本體

梁漱溟所言「自覺」，一如王陽明的「良知」，不僅內在於每個人的心中，且同時是超越的存在，是宇宙萬有的本體。以哲學的語言來說，這是心性論與宇宙本體論的合一。在王陽明之學是如此，在梁漱溟之學中亦是如此，譬如梁漱溟曾引述王陽明詠良知詩作「無聲無臭獨知時，此是乾坤萬有基」，並解釋說：

> 乾坤萬有基者，意謂宇宙本體。宇宙本體渾一無對。人身是有對性的，妙在其剔透玲瓏的頭腦通向乎無對，而寂默無為

---

[5]　梁漱溟說：「我這裡所說人心內蘊之自覺，其在中國古人即所謂『良知』又或云『獨知』者是已。良知一詞先見於《孟子》書中，孟子嘗以『不學而能，不慮而知』指示給人。後來明儒王陽明大力闡揚『致良知』之說，世所習聞。獨知一詞則涵於《大學》、《中庸》兩書所諄諄切切的慎獨學說中。其曰獨知者，內心默然炯然，不與物對，他人不及知而自家瞞昧不得也。」梁漱溟：《人心與人生》，頁 161-162。

的自覺便像是其透出的光線。一即一切，一切即一，宇宙本
體即此便是。人心之用尋常可見，而體不可見；其體蓋即宇
宙本體耳。人身雖有限，人心實無限際。[6]

這說到，人心的作用平常可見，而人心之體不可見，其體即宇宙本
體，至於所謂「一即一切，一切即一」的概念，其實出自佛教。如
《華嚴經》中以因陀羅網為喻，據說因陀羅（Indra）帝釋天的寶
網，上面一個個結之處皆附有寶珠，而一個個寶珠皆映現一切寶珠
之影，如此重重相為映現。這個譬喻，用以解釋《華嚴經》思想中
的四法界，即：事法界、理法界、理事無礙法界及事事無礙法界。
表面上，宇宙萬有一切現象皆各自獨立，森羅萬象，各有不同；然
而，在形而上的層面，一切現象的本體是相同的，皆為真如本性；
進一步說，本體與現象並不是兩件事，而其實是不二的，本體不離
現象；如此說來，宇宙萬有一切現象，每一個現象皆涵容其他一切
現象，一如因陀羅網上的寶珠，重重映現而不相礙，每一個寶珠皆
映照於其他一切寶珠之上，而其他一切寶珠亦皆映照於每一個寶珠
之中，此即「一即一切，一切即一」。梁漱溟在這裏引用《華嚴
經》概念，意思是人心的作用平常可見，這是一，而其本體乃通乎
宇宙之本體，此即所謂一即一切。

　　梁漱溟又說：

　　　　吾人意識對外活動皆應乎生活需用而起，無時不在計較利害
　　　　得失之中；但其同時內蘊之自覺，只在炯炯覺照，初無所為

6　同前註，頁 161-162。

（古人云：寂而照，照而寂）。吾人有時率從自覺直心而行，不顧利害得失者，心主宰乎身；此時雖對外卻從不作計較也。此不落局限性的心，無所限隔於宇宙大生命的心，俗不有「天良」之稱乎，那恰是不錯的。它是宇宙大生命廓然向上奮進之一表現，我說人心是生命本原的最大透露者正謂此。[7]

人平常的意識活動，乃對應於生活所需，無時無刻不在算計之中。但除了這意識活動之外，尚有一內蘊於中、炯炯覺照的自覺，此心在梁漱溟看來，是通乎宇宙本體的，能夠超越一己的利害得失。因此，從思想史的譜系來看，梁漱溟為陸、王一系，也正是在這一意義上，梁漱溟被視為是當代新儒家，儘管他從未放棄佛教徒的身分與思想。[8]

3.「自覺」是人禽之辨

「自覺」乃心之本體，而體是有所發用的，所謂即體顯用。那麼，自覺的作用是什麼呢？自覺的作用就是向內覺照，這一點是人與動物之間的差異所在。在梁漱溟而言，「自覺」也可用於人禽之辨，以區分人與動物的差異。他認為，動物的生命，陷於個體圖存、種族繁衍這兩大本能要求而不得拔，沒有自覺可言，而人類的生命則能有所自覺，是在本能之上，進升而有一大「飛躍」，「這

7　同前註，頁 142。

8　梁漱溟在其早年著作《東西文化及其哲學》一書中，雖聲稱要反對做佛家生活，而主張要做孔家的生活，但他一生其實從未放棄佛教作為自己的立身處世之道。

一飛躍就跳出了一切生物所旋轉不已的生活圈套，也好似圍堤突破了一大缺口」[9]，如是就進入了自覺之域。梁漱溟還說：

> 人唯自覺乃臨於一切動物之上而取得主動地位也。非然者，人將不能轉物而隨物以轉矣。吾書開宗明義曾謂：人之所以為人在其心；而今則當說：心之所以為心在其自覺。[10]

所以，人之所以為人，即在於能自我覺察。但儘管如此，人卻「往往出入乎自覺或不自覺者」，具有很大的伸縮性，生活中「自覺一時昏昏然不起作用，又幾乎是常常有的」。[11]

那麼，此處所言的「自覺」是什麼具體感受呢？梁漱溟說，我們對於人體內部的生理運作，通常並無自覺，但一有病，不舒服，就立即有所自覺，也就是注意到自己的不適之處。如此說來，「自覺不自覺繫於用心不用心，注意不注意。凡自覺之所在即心之所在。」[12]

事實上，人的自覺是無時不有的，然而，人的自覺雖表現於一切活動之中，但其實亦有所差別，其差別在於「明、暗、強、弱、隱、顯往往變於倏忽之間」，每一時、每一刻皆有所不同。梁漱溟舉例說，人在匆忙之中，便容易心有走作，心向外傾斜，這樣一來自覺即失其明；而在悠閒時，則較少向外傾；又譬如舉止動作、操作機器等等，不熟練時較為用心於當下，而動作慣熟後心又容易轉

9　梁漱溟：《人心與人生》，頁 149。
10　同前註，頁 69。
11　同前註，頁 64。
12　同前註，頁 64。

向別處去。[13]

　　梁漱溟還認為，其實在日常語言中，就已顯示出自覺或不自覺之意。譬如，我們常說的「印象深刻」，這是表示「當時觀感中留有之自覺明強」；而所謂的「心不在焉，視而不見，聽而不聞」，則是表示失去了自覺，心神不定，為外物所牽引。不過，如果當下猛然省覺自己的心神不定，這本身就是自覺。[14]

4.「自覺」是向內覺照之心

　　承上所述，當下省覺自己的不自覺，這本身即是自覺。梁漱溟在此，引用孔子「知之為知之，不知為不知，是知也」一語，這第五個知字就是指自覺之昭明。[15]換言之，自覺是對內心活動的覺察，例如：人在聽到什麼聲音時，他不唯聽到了而已，隨即同時還自知其聽到什麼聲音；人在說話的同時，還自知其在說什麼話；甚至一念微動，外人不及知而自己知之甚明；不唯自知其動念而已，抑且自知其自己之知之也。[16]因此，可以說自覺是向內覺照之心，「非以對外也」，「它極其單純，通常除內心微微有覺而外，無其他作用。然而人心任何對外活動卻無不有所資藉於此。」[17]

　　梁漱溟於此，並且還區分自覺與意識，他說：

　　　　自覺蘊於自心，非以對外，而意識則是對外的。意識一詞於

---

[13]　同前註，頁 63-64。
[14]　同前註，頁 64。
[15]　同前註，頁 63。
[16]　同前註，頁 63。
[17]　同前註，頁 63。

　　英文為 consciousness，原屬自覺之義。然則茲二者其為一為
　　二乎？今確切言之：內有自覺之心一切對外活動——自感
　　覺、知覺以至思維、判斷——概屬意識。[18]

這裏突顯了自覺與意識的不同，自覺是向內的，而意識是向外的。
但同時，自覺與意識又有相通之處，畢竟兩者都是心的活動，因此
他說二者是一而二，二而一的。但梁漱溟特別用 Awareness 而非
Consciousness，梁漱溟長年的學生李淵庭，曾為梁漱溟編纂年譜，
在他的回憶中，梁漱溟用的是 Awareness。[19]

　　其實，consciousness 和 awareness 在英文中的意思很相近，譬
如在牛津詞典中，consciousness 作為 the state of being aware of
something 的意涵，與 awareness 是同義詞（synonym）。但一般在
使用上，consciousness 指的是能覺知之主體，如近些年來已成顯學
的 Consciousness Studies（意識研究），對意識本身進行探討，在
跨領域研究中頗受矚目；而 awareness 通常則指的是能夠覺知的能
力。不過，在此梁漱溟有他的解釋，將 awareness 從較為廣義的
consciousness 中區隔出來，而賦予其內向覺照之定義。

　　有關「自覺」乃屬向內而「意識」乃為向外，梁漱溟另還論及

18　同前註，頁 64-65。

19　李淵庭說：「回憶 1926 年，梁老師在大有庄開始寫《人心與人生》一
　　書，邊寫邊給我們講。他講時用了兩個英文名詞：Awareness,
　　Consciousness。他講這個英文名詞的聲音，現在仍在我腦中縈繞。它們的
　　中文意思是『自覺』與『意識』。」見李淵庭：〈晚年梁漱溟的政治情懷
　　與日常生活〉，《末代碩儒——名人筆下的梁漱溟、梁漱溟筆下的名人》
　　（上海：東方出版中心，1998 年），頁 206。

《大學》中的「所謂誠其意者，毋自欺也，如惡惡臭，如好好色，此之謂自謙，故君子必慎其獨也」一段。如前所論，梁漱溟所言「自覺」其實就是《大學》、《中庸》慎獨之學中的「獨知」或「獨」。因此，在梁漱溟看來，此處《大學》所言「如惡惡臭，如好好色」，可以理解為對於本心的描述。不過，梁漱溟指出，惡惡臭、好好色的好惡之心，其實與「自覺」還是有本質上的差異，前者是對外的，且屬於身體方面的本能，而自覺並非如此，既不是對外的，也並非是身體方面的本能，而關鍵點是在「毋自欺」。[20]

5.「自覺」是誠實之心

　　梁漱溟論誠實，最是精彩。他對誠實的強調，對誠實的身體力行，令人感動。前述幾點梁漱溟對「自覺」的闡釋，尚涉及哲學、人性論、本體論等層面，要理解未必容易。但在此處，誠實是最為簡單，最易瞭解，早在童蒙就開始教導之事。然而，在社會上、在政治人物身上、在我們生活周遭，卻經常看到不誠實，甚至這不誠實已經成為某些職業的代名詞。他們可以玩弄文字遊戲，將分析哲學對語詞定義的重視，具體地予以「運用」，也可以在媒體上信誓旦旦，直到證據出現，或是低首承認，或是狡辯多番。因此，就我們所觀察的，誠實這一特質，實在是與名位、權力、年齡、學養無關，而是更深處地與一個人的價值信念習習相關。

　　梁漱溟有篇文章〈一個人的生活〉，懇切談到誠實在人生之路上的重要，這誠實不是為別人，而是為了自己。此文是對青年學子講，在人生道路上，我們試著追尋屬於自己的人生觀，那麼以何方

---

[20]　梁漱溟：《人心與人生》，頁68。

法來追尋呢？只有一個方法，就是誠實。梁漱溟說：

> （在）完整的人生觀還沒建立，或我以為完全解答了，他日
> 意思變動了又生疑問。所以一邊覓路一邊走路，一邊走路一
> 邊覓路，是大家的通例，也是很沒錯的法子。如此說來，我
> 們就要問怎樣覓我們的路？怎樣走我們的路？這無別的道，
> 就是誠實，唯一就是誠實。[21]

又說：

> 你要曉得你是已經起了疑問，你對於你的疑問不容不應付，
> 你那唯一應付的法子再無第二，只有誠實。你如不然，就會
> 有大危險，不是別人加危險於你，是你自己已經違離了寧
> 帖。小則苦惱，大則致精神的變態……頭一層，我問我怎樣
> 去生活？我須誠實的作答。未誠實作答，我一定不信賴這個
> 答，那疑問豈不是始終懸在眼前，皇皇然沒個著落嗎？所以
> 非誠實的答不可。如果誠實的去答了，無論這個答圓滿不圓
> 滿，也不得而知他圓滿不圓滿，但是在我已經是唯一不二的
> 了。並不是它一定對，是因我所有的唯有誠實。我沒能力可
> 以越過我的誠實，所以我可以信賴的也不能再過於我這誠實
> 的解答。即或自知未圓滿也是信賴的，因現在我沒有法子信
> 賴別的。有一個信賴的答就過得今天的生活。換言之，倘然

21　梁漱溟：〈一個人的生活〉，《散篇論述》，《梁漱溟全集》（第四
　　卷），頁 561。

> 我不誠實的答我的問，我就過不得今天的生活。第二層，既
> 答了就要行，覓著了路就要走，走路須誠實。誠實的去走一
> 條路，就是積極，就是奮鬥。[22]

又說：

> 自從起意思的那一天。——就是發問的那一天。——一個人
> 的生活便已開始，唯有誠實的往前，不容休息休息，不容往
> 左往右往後，永無歇止，只有死而後已。……只有誠實的答
> 問，誠實的走路，一分不誠實立刻就是一分的疚憾。無論你
> 跑到什麼地方，它總追到你，你沒有法子解脫它，除非誠
> 實。[23]

話說回來，誠實雖然是最為簡單、最易瞭解的道理，卻也有其深刻
之處。孟子的義利之辨即在此處。動物性的存在，是講究利害得失
的，而人的存在，則是「在計較利害得失外，吾人時或更有向上一
念者是」；利害得失固然重要，但人的心卻是可以「越出兩大問
題之外不復為其所糾纏的」，「不受牽累於任何問題，即不以任何
利害得失（誘惑、威脅）而易其從容自主自決之度也。」[24]那麼，
為何人的心能夠超越於利害得失之上呢？梁漱溟認為，這是心的一
種天然力量，是一種求真惡偽之心，「是則是，非則非，無可商

22　同前註，頁 562-563。
23　同前註，頁 563。
24　梁漱溟：《人心與人生》，頁 68。

量」²⁵。求真惡偽，表現出來的就是佛經所言「直心是道場」，梁漱溟說：「求真惡偽者，即人心之直也。偽者欺偽；偽則不直，故惡之。求真，非他，只不自欺耳。」²⁶他並且舉例說，像是核算生意上的盈虧數字，不會因為喜盈惡虧，就顛倒數字，以虧為盈，而必定會求數字之真，這種追求是則是、非則非的心，乃「昭昭乎存於自覺之中，只須坦直不自欺便得」。²⁷

有意思的是，梁漱溟對誠實的珍視，可從其讀書筆記〈讀《卓婭與舒拉的故事》〉一文得見，而他所推崇甚深者，是位不到二十歲便死於蘇聯抵抗納粹德軍的俄國女孩，同時也是俄國的民族英雄。這本書紀錄的是真人真事。梁漱溟筆記寫道：「《卓婭與舒拉的故事》敘述蘇聯衛國戰爭中壯烈捐軀者青年兩姊弟，出於其親母手筆。……卓婭稟性從其母氏敘述中灼然可見……然中國古人盡心知性之學，彼未之前聞。吾將從這裡挑而出之，卓婭忠烈所本，庶幾可明白也。……書中敘述二子出生以至其死，於稚弱情態頗多描繪，而卓婭稟性既有可見。」²⁸

卓婭是姐姐，舒拉是弟弟，兩姐弟個性不同。卓婭自小所流露的自覺、誠實，是梁漱溟所感佩的。譬如，梁漱溟寫道：

原書23頁處，本意在寫舒拉之有趣，卻透露了卓婭為人：²⁹

25　同前註，頁 68。

26　同前註，頁 66。

27　同前註，頁 66。

28　梁漱溟：《勉仁齋讀書錄》，《梁漱溟全集》（第七卷），頁 787。

29　按，根據筆者所見到的版本，此段是出自頁 16。見留·柯斯莫捷綿斯卡亞著，么洵譯：《卓婭與舒拉的故事》（北京：青年出版社，1952 年）。

> 最有趣的是：如果卓婭不了解什麼東西，她就率直地承
> 認這個（不了解）；可是舒拉自尊心特別大，「我不知
> 道」這句話，是很難從他口中說出來……這裏要指出的
> 是：卓婭所表現正是中國古人所云「知之為知之，不知
> 為不知，是知也」那句話。最末一個「知」字──第五
> 個知字，在她內心是明強的。這亦就是古人所云「直心
> 是道」。（大約此時舒拉至多三歲而卓婭五歲未滿。）[30]

梁漱溟又引述書中所敘：「有一次舒拉打了一個碗，可是他不承
認。卓婭用眼睛盯住他，皺著眉說：『你為什麼說謊話？不可以撒
謊！』她雖然還不滿八歲，但是說得很有信心、很莊嚴。」[31]對
此，梁漱溟評述：「基於明強之自覺心而自律嚴，律人亦嚴。書中
敘述卓婭律己律人之嚴，其例多不勝舉。」[32]

　　有次學校考試，卓婭的化學得了「很好」的評語，但卻愁眉不
展。她認為這個評語一點也不能使自己高興，因為她自認化學她知
道得不夠「很好」，最後卓婭到化學老師那裡說：「您的這一門功
課我知道得不夠『很好』。」對這一段故事，梁漱溟評述：「卓婭
所表現不又是其內心明覺之強，不容一毫欺瞞得嗎？」[33]從中可
見，誠實這一特質，實在是與名位、權力、年齡、學養無關。

　　我們人生，讀書時追求成績，工作時追求升遷、升等，政治人

---

[30]　梁漱溟：《勉仁齋讀書錄》，《梁漱溟全集》（第七卷），頁 787-788。

[31]　同前註，頁 789。此處引述《卓婭與舒拉的故事》，梁漱溟是記第 58
　　　頁，筆者所見則為第 44 頁。

[32]　同前註，頁 789。

[33]　同前註，頁 788-789。

物追求權位，商人追求利益，這些都無可厚非。但在追求的過程中，若手段不當、名實不符，且還以為其他多數人不也如此，吾等只是從俗而已，從而合理化其行為，那麼在梁漱溟看來，便是內心自覺不夠明強。梁漱溟說：

> 一言一行獨立自主，方顯示生命本質，其根本要在內心自覺之明強。自覺貧弱便隨俗流轉去了。或不無自覺而憚於違俗，皆由心不勝習，苟從身以活動。對善而言惡，昔人（王船山）有言俗便是惡者，雖嚴厲哉，固有以也。[34]

「自覺貧弱，隨俗流轉」這八字，下得何許沉重，也正是在這其中，梁漱溟對人產生很大的悲憫心，他在〈吾人的自覺力〉一文中說：

> 古代的聖哲，他對於人類當真有一種悲憫的意思。他不是悲憫旁的，而是悲憫人類本身常常有一個很大的機械性。所謂機械性，是指很愚蠢而不能清明自主，像完全缺乏了自覺的在那裡轉動而言。[35]

對照我們生活，內心自覺明強、誠實之人，似乎容易吃虧。苟非吾之所有，雖一毫而莫取焉；不接受不虞之譽，不力斥求全之毀。然而，這種吃虧是真的吃虧嗎？短時間內來看，或許是；但此種內心

34　梁漱溟：《人心與人生》，頁242。
35　梁漱溟：《朝話》，《梁漱溟全集》（第二卷），頁45。

自覺之明強，「一言一行獨立自主，方顯示生命本質」，更且不論長遠來看，究竟何者才是人生中更有價值之事呢？隨俗流轉之人是真的自以為聰明而佔到了便宜嗎？短時間內，或許是；但此種「愚蠢而不能清明自主」，其實讓人感到的是不忍與悲憫。

以上是梁漱溟從誠實這一平易近人的角度來詮解「自覺」。

（二）如何認知「自覺」？長養「自覺」？

從孟子、陽明到當代新儒家，有關「良知」的證成是儒者論學的一個重要課題。此良知本心，或梁漱溟所用的「自覺」，不論其名稱如何，如何證明此心之存在？有的從道德情感上去推證，有的從邏輯推理上去論證，梁漱溟雖不直接正面地論證良知、本心、自覺之存在，而是從修養實踐的角度，討論如何認知自覺、本心等相關問題；換言之，此處要討論的是「如何識得本體」，而不是「本體如何可能」。

1.梁漱溟與伍庸伯

如前所言，梁漱溟對自覺、本心的觀點，主要見於他對《大學》的解釋，而梁漱溟對於《大學》的理解，又多出自伍庸伯先生。伍庸伯不是學者，也不曾在大學講學，多年下來以講授《大學》為主。梁漱溟曾表示，他生平最折服而尊敬之人就是伍庸伯。[36]梁漱溟甚至曾兩度請求，希望能師事伍先生，卻都被拒絕，前一

---

[36]　梁漱溟說：「在我一生所有朋友中不少是我心裡折服而尊敬的人。他們實在是各有各的價值。但其價值在我心目中好像亦還有著不同等的重量。至於其間彼此交誼深淺，關係親疏，自然又有許多不同處。因此，是難於放在一起來比較的。若勉強來比較，伍庸伯先生應該是我心裡最折服的人；

次是梁漱溟三十六歲之時，後一次是五十九歲的時候。梁漱溟生平最看重的著作《人心與人生》，這本書的重大責任，就是要將伍庸伯的學問與為人，介紹給世界、給後人。[37]這幾點，我們若只從思想家或是學者的角度來看待，是有些難以想像，伍庸伯為何如此為梁漱溟所尊崇？然而，如果我們將儒學還原為其出自民間、師友之間以道相輔之面貌，便完全能夠理解。

梁漱溟撰有〈伍庸伯先生傳略〉一文，可謂是替伍庸伯作傳。伍庸伯是廣東人，生於 1886 年，卒於 1952 年，出身軍旅，後來有感於人生意義的根本疑惑，毅然辭官，開始對種種不同人生思想進行參訪，包括世法出世法、中西、新舊各式思想。這一點，梁漱溟稱讚其勇氣不是平常人所有，唯有求真之心、好善之心明且強之人，深為內心疑惑所觸動，不解決便有活不下去之苦，方能做出此放下生計於不顧之決定，乃如釋迦牟尼為追尋真理而捨離太子生活那般可貴。而伍庸伯在歷經七年參訪研究之後，最終其安身立命是落實於儒家，這是來自於實踐當中的體認，而不是在思辨上。從此，當伍庸伯於自己體認有得，而人們有需要時，便出其心得，為朋友們講說，少則三、五位朋友，多也不過十二、三人。這種聚會，沒有組織章程，也不標誌任何名稱，沒有經費、開支，地點在學友家中，講書包括《大學》、《中庸》、《孟子》等，主講者為

他在我心目中的重量無人能相併，而我們彼此間的關係應該亦說是最親近的和相當深的。」見梁漱溟：〈伍庸伯先生傳略〉，《梁漱溟全集》（第四卷），頁 175。

37　見梁漱溟口述，艾愷採訪：《這個世界會好嗎？》（臺北：五南圖書出版公司，2008 年），頁 120。

伍庸伯，有時旁人亦講，剩餘時間則大家隨意發言。[38]附帶一提，
梁漱溟第一任妻子黃靖賢乃是伍庸伯夫人的妹妹，兩人是在伍庸伯
介紹下認識的。[39]

---

[38]　梁漱溟：〈伍庸伯先生傳略〉，《梁漱溟全集》（第四卷），頁 175-
195。

[39]　見梁漱溟：〈悼亡室黃靖賢夫人〉，《梁漱溟全集》（第五卷），頁
750-755。此文頗能表現梁漱溟不同一般的真誠直樸。

　　譬如，文中提及：「起初我為傾慕佛家出世的道理，吃齋素，年近三
十不娶。民國十年，作《東西文化及其哲學》之講演後，始有意室家。友
人伍庸伯先生（觀淇）問我擇妻的條件如何。我回答說：在年齡上，在家
世上，在學識上，我全不計較，但願得一寬和仁厚的人。不過，單是寬仁
而缺乏超俗的意趣，似乎亦難與我為偶；有超俗的意趣，而魄力不足以
副，這種人是不免要自苦的；所以寬仁超俗而有魄力者，是我所求。這自
然不容易得，如果有天資大略近乎這樣的，就是不識字亦沒關係。伍先生
面有喜色，說：你真能這樣徹底嗎？當真能夠這樣，那我現在想介紹的
人，倒或者可以當意的。於是他就介紹他夫人的胞妹給我，——就是靖
賢。……她的衣履裝飾，極不合時樣，氣度像個男子，同她的姐姐伍夫人
站在一起，顏色比姐姐反見老大。凡女子可以引動男子之點，在她可說全
沒有。就在這匆匆一面後，我們便訂了婚。」（頁 750-751）

　　又如：「這婚訂的這樣容易，在我自己家裡人和一般親戚，都覺得詫
異，而在我實在經過了一番考慮。我第一想：我大概不會從交游女朋友中
自己擇婚的，勢必靠旁人為我留意；旁人熱心幫助我的，自親兄妹以至遠
近長輩親戚亦很多，但究不如相知的師友其眼光可以與我相合。我反問我
自己，如果當真著重那些性情稟賦的條件，就必須信托師友；而朋友中伍
先生所說的話，尤值得考量。第二我想：伍先生的話，在他自己是絕對真
實的，我可以相信。他的觀察力假令再有半數以上的可靠，那麼，這女子
便亦很有可取了。」（頁 751-752）

　　又如：「既婚之後，漸覺得新婦不符合我的希望。她於妯娌姑嫂或其
他人之間，仍不免以小事生氣，至於氣得心痛，不見有越過一般人的寬大
氣量。而婦女們好時髦裝飾的心理，似亦不能完全超越過去，而無所計

　　其實，梁漱溟對伍庸伯的景仰之情，其中一個原因是與困擾他多年的失眠問題有關。失眠是好用頭腦者常見的毛病，梁漱溟在日記中經常記錄自己的失眠情況，並曾以靜坐、氣功等佛教、道教之方法來對治。[40]相較之下，伍庸伯則能在生活上自主自如，要睡就

較。……且如我好讀書，用思想，而她讀書太少，不會用思想，許多話都不會談，兩個人在意識上每每不接頭，亦是不應該的，因此在婚後的十年內，彼此感情都不算頂好。大體在她對我先後差不多，總是愛惜照護；在我對她的感情，則好惡升降，多有轉變不同；總是在一處，日子多了不免有嘔氣時，離開一陣又一些。但一年一年亦趨於穩定。一面由日久我慢慢認識出她為人的長處，一面我亦改正了我自己不對的地方。」（頁752）

　　又如：「靖賢的為人，在我心目中所認識的，似乎可用『剛爽』兩個字來說她。現好於人，向人獻殷勤，是她最不作的事。於平常人所貪慕的一切，她都很淡；像是沒有什麼是她想要的東西。在這兩點上，我自省都不如她（即我有時不免向人獻殷勤，我不免有所貪慕）。說了話便算，打定了主意便不猶疑，遇事情有判斷，說什麼就幹什麼，亦是她的長處。她常常討厭我反覆，說了話不算，遇事沒有準主意。我真是徘徊顧慮性最大的人。我常常胸中空洞無一定的意思，計慮周至，能看見正反兩面的理，左右不同的路，一時傾向於此，一時傾向於彼，誠亦事所不免。……靖賢的爽利，畢竟可愛呀！和剛爽相聯的就是正直，少彎曲，坦白，乾淨，信實與信義等好處；我恒愧不如。」（頁753）

　　又如：「我雖受許多朋友的推崇獎掖，以至許多不曾見面的人或不熟識的人，過分推想我人格如何偉大；但在家裡我夫人眼中看我，卻並不高。她眼看我似乎是一個有誇大的志願，而不甚踏實的一個人；雖說有心向善，向善心到底不強。……從她對我的批評態度，見出她讀書雖少，而胸中有義理境界；雖是婦人，而氣概不凡。尤其是她說我不真忠厚，向善心到底不強兩點，使我敬憚。」（頁753）

40　梁漱溟：《日記》，《梁漱溟全集》（第八卷），頁 389-1136。所記年代從 1932 年至 1981 年。

睡，要醒就醒，讓梁漱溟大為讚服。這段往事，梁漱溟曾對美國學者艾愷講述：

> 那時我三十六歲，去廣東……伍先生正在那負責做總參議辦公廳主任，我們三個人就到他辦公的地方同他談話，到了中午了，他留我們吃飯，他就對我們三個人說：「你們隨便坐，隨便談話，我要休息，我睡十五分鐘。」他就坐在一個椅子上，閉起眼睛就睡著了，睡了十五分鐘就醒了。我非常的佩服，非常的驚訝，為什麼呢？因為這個時候我經常鬧失眠，失眠的人想睡睡不著，不想睡的時候又……他說睡就睡了，說醒，十五分鐘就醒。哎呀，我真是驚訝、佩服！這就是表明他生活自主自如。他是真正能夠把他的身體、精神很統一，很能夠自主，很能夠自如，這個是很了不起。[41]

梁漱溟說，這種學問不是書本上的學問，不是隨便講一講、說一說的，這是孔子的生活之學。[42]實際上，這就是身心踐履之學，是知與行合一之學。

那麼，如何認知此自覺？如何長養自覺？

2.從實踐當中認知「自覺」

根據梁漱溟所述，伍庸伯講學時，有位王姓人士提問：「耶教有『信則得救，不信則滅亡』之訓語，使人丟開一切懷疑；倘即以

41　梁漱溟口述，艾愷採訪：《這個世界會好嗎？》，頁 121-122。
42　同前註，頁 123。

此道去信明德，則何如？」伍庸伯回答：「孔子所以教人者不同於耶教。耶教要人屏除猶疑來信上帝，孔子卻只要人信自己就夠了。因自己有明德；明明德者，粗說即是依照良心去行動之謂耳。所可惜的，一般人總是明於責人，昧於責己，落於自欺之中。倘能以責求諸人者反求諸己而毋自欺焉，則明德不難見也。」[43] 又問：「承示，人之特質是在其有個明德；但這個明德，一時難得領悟，又將如何去依靠它？」伍庸伯回答：「我們不必急於了解明德之為何。要先了解修身為本，使自家精神回到本身上來，這便是去理解明德的第一步。」[44] 此處即涉及如何認識本體的問題。伍庸伯之意是說，不必去先求個本體，而是要從實踐當中去理解。伍庸伯還舉孟子所說惻隱、羞惡、辭讓、是非之心，乃為仁、義、禮、智四端，指點其皆是明德作用，不過總不多談，也不深談。[45]

　　對於伍庸伯傾向於從工夫處來指點本體之作用，梁漱溟的看法有所不同，他說：

> 我們推測先生於明德之不多談，不深談，或者亦有引而不發，待學者自去尋求領會之用意嗎？
>
> ……使人自悟，便親切有味，是大有好處的。但事情不宜只看一面，多談、深談亦自有其好處。筆者舊志寫《人心與人生》一書，恰於此不吝多談、深談，其入手即從人與其他動物如何不同說起。先生平素亦嘗以人與禽獸不同為說，見於

43　梁漱溟：《禮記大學伍氏學說綜述》，《梁漱溟全集》（第四卷），頁89。

44　同前註，頁89。

45　同前註，頁89-90。

> 記錄：
>
> 「人與禽獸不同，因人有明德而禽獸無之。人有明德，故能自覺、自動和自治。禽獸只有本能，無自覺，故不知改進，故禽獸不如人。」
>
> 此雖寥寥數語，卻甚的當扼要，不妨就此略為闡述。
>
> 明德非同身外之一物，不可以感覺器官接觸，怎樣確切指給人們去認識它，本來很難。而其實則當下即是，不待外求的。即如王君提問說：這個「明德」一時難得領悟，又將如何去依靠它？王君於其未曾領悟者即爾省覺未曾領悟，即此便是明德。自己未曾領悟，便坦白自己心中沒把握去依靠它，這又是明德。明德即人的本心，亦曰「性體」，既非可見可捉之一物，便只能從它這些作用上見之。凡此內心不失其明者皆明德也。粗淺說來，只是如此。[46]

梁漱溟這個講法，比起伍庸伯不願多談本體，更具說服力，也能從人的普遍經驗中指點出本體之作用。如梁漱溟所言，伍庸伯不願多談本體，或有他的用意，事實上這與古代許多禪宗大德不願多談開悟境界是類似道理，希望學習者不要誤將指月之指視作是明月本身。然而，梁漱溟認為，事情不宜只看一面，多談、深談有關本體，也有其好處，他的《人心與人生》就是要講人心之所以為心及其與動物之差異。在此，梁漱溟即從「自覺」這語義本身來指點本體，人的心能夠自我察覺、返觀內照，內心不失其明覺，這覺照本身即是本心、本體。

---

[46] 同前註，頁 90。

　　話說回來，對於本心的認識和信念，其實也是和工夫實踐相互關聯的，是互為因果的。梁漱溟說：

> 這認識和信念卻與功夫實踐其勢相聯，而互為因果的。即是：由認識信念引到功夫實踐；還由功夫實踐使得認識真切而增強其信念。功夫有生有熟，有淺有深，認識和信念隨之亦有進境不同。[47]

一言以蔽之，本體不離工夫，即工夫即本體，在工夫之中即觸及了對本體的認知，同時也增長了對本體的信心，兩者輾轉相益。吾人常有誤解，往往認為須先認識本體、本心，方才得以開展工夫；也就是，以為先要開悟見道，方能步上修道之途。實際上，此處所言，點出了這兩者並不是從第一階到第二階的階梯式結構，而較屬於像是 DNA 雙螺旋式的結構，本體與工夫相互辯證；且隨著工夫的逐漸細微、深刻，對於本體的認識及信念也會有相對應的進境。

3.以毋自欺來長養「自覺」

　　在具體方法上，梁漱溟承襲伍庸伯先生對《大學》「誠意」的解釋，以「毋自欺」作為主要的工夫論。在這邊我們可以看到，「毋自欺」與梁漱溟所極為重視的「誠實」，兩者其實是相通的。後者是正面表述，前者則是負面表述。

　　根據梁漱溟對伍庸伯《大學》之說的理解，「功夫要在誠意上做，而格物致知則其前提，以引入誠意者也。誠意功夫如何做？慎

47　同前註，頁 100。

獨、毋自欺是已。」[48]如前所言，「自覺」是向內覺照之心，將心往內觀照，便能於一向不免自欺之處有所覺察，進而毋自欺。要毋自欺，首先便是要覺察自欺，特別是在他人所不及見（獨居）及他人所不及知（獨念）之上用功，觀照、覺察自己內心中的意念，這也就是《大學》中所謂「慎獨」。[49]如此用工夫，便能讓自覺本心越加昭明。

伍庸伯對於人的自欺闡述得很好：「於此，先須知人們通常很容易在自欺中而不自覺。人們通常對家庭社會多缺乏我自身實為其本的那種認識，遇事輒易於責人而不責己。……甚且經人指責，還不認帳。或者經人指出，無可否認，仍不悔改。一貫地自欺下來。幾乎可以說：通常人們所有的意均難免多少有自欺成分在。只不過不認帳不悔改者，其自欺特別嚴重耳。怎得免於自欺？那必須精神回到身上來（此則得之於知止知本），意念之萌，刻刻留心；庶乎一有自欺，即刻知道。必知道自欺，方得毋自欺。」[50]

具體而言，伍庸伯的修養方法有兩個層面。第一，是「人己關」，躬自厚而薄責於人，責己，不責人。第二，是「內外關」，

---

[48]　梁漱溟：〈禮記大學篇伍嚴兩家解說合印敘〉，《禮記大學篇伍嚴兩家解說》，《梁漱溟全集》（第四卷），頁 16。

[49]　同前註，頁 16-17。又，伍庸伯對於「慎獨」的解釋亦甚深刻，他說：「這裏用一個獨字來說慎，有三點好處：一、《論語》上說『古之學者為己』，在獨念獨處去慎，才真的是『為己』之學，做人本該如此。別人知道，不知道，都沒有關係。……二、獨中用功有制於幾先之意；陽明先生所謂『防於未萌之先，克於方萌之際』者是。這樣容易為力，功夫才快。三、獨則力量易於集中，即精神易得專一不分。」見伍庸伯：《禮記大學篇解說》，《梁漱溟全集》（第四卷），頁 35。

[50]　同前註，頁 34。

外面一切現象皆收照在內心，只知有內，不知有外。外在一切現象，亦自心所認知者，故是為內而非外在於心。透過這兩層關口，則神不外馳，心自精明。[51]這樣實踐去，自覺、良知便逐漸增長，一言一行皆在覺照之中，「所有外景既全映照於內，此時外即是內，渾無內外之分了。由此路而上，不難實證天地萬物一體之仁。」[52]吾心所感知的一切外在現象，皆為吾心所認知，因此是好是壞，是正面是負面，皆為吾心主體所詮釋，一切現象可說皆繫於認知主體。

三、佛教中的「菩提心」

佛教源自印度，從東漢時傳入中國，到隋唐時代，發展出許多宗派，高僧輩出，所譯經論極多。佛教注重修持，以明心見性、自度度人為期許，要人發菩提心，轉迷成悟，離苦得樂，得證涅槃為目的。

另外，佛法自印度越過喜馬拉雅山脈傳入藏地，在西藏特殊的地理、氣候、人文環境之中，發展出獨特的風格與特色，形成藏傳佛教。一般來說，藏傳佛教分為四大傳承，分別是寧瑪、噶舉、薩迦、格魯。這四大教派各有其風格，弘揚的地區也有所不同。最古老的寧瑪派弘揚於藏東康區，風格圓融灑脫，具傳承資格者多為在家眾或瑜伽士；最晚發展的格魯派則弘揚於衛藏，即西藏中部及西

51　梁漱溟：《禮記大學伍氏學說綜述》，《梁漱溟全集》（第四卷），頁99-100。

52　同前註，頁122。附帶一提，筆者以為學者常感困惑的《明儒學案》黃宗羲「盈天地皆心也」這一名句，從這一角度來疏解會是較好的。

部，以學問僧為主，具有嚴謹的經院思辨風格。[53]此處以這兩派為例，乃是因為這兩派風格差異較大，兩相併舉，較具涵蓋性。寧瑪與格魯這兩派，各有一部流傳甚廣的論著，分別是寧瑪派巴珠仁波切（1808-1887）的《普賢上師言教》，及格魯派宗喀巴（1357-1419）的《菩提道次第廣論》。[54]這兩部書有相同之處：二書作者皆為各自傳承的持有者，修行境界高深，普受尊崇；二書皆同屬於次第性的教法，皆涉及菩提心、六度的討論。這兩部書也有相異之處：《菩提道次第廣論》全為大乘教法，引經據典，極為嚴謹；而《普賢上師言教》後半部則是密續教法，文字風格偏向口語化，且記載眾多故事、傳說及修行大德的逸事。此處僅及於菩提心在經乘中的討論，不涉及密乘部分。[55]

　　以下，對於「菩提心」的闡釋，即以漢傳佛教及藏傳佛教的經論，作為討論的依據。

（一）菩提心是大乘一切修法之根本

　　菩提心（Bodhicitta）為大乘佛教的核心。菩提是梵語 Bodhi 的音譯，菩提為覺悟、證悟之意，意指覺悟者照見法性真如的最高

---

[53] 這是就過去歷史而言，如今藏傳佛法廣弘於歐、亞、美、澳各大洲，已不能再說主要流傳於西藏東部或西部。

[54] 巴珠仁波切著，佐欽熙日森五明佛學院譯：《普賢上師言教》（拉薩：西藏人民出版社，2007 年）；宗喀巴著，法尊法師譯：《菩提道次第廣論》，（臺北：圓明出版社，1992 年）。

[55] 同前註，頁 204，說：「佛說二種大乘，謂波羅蜜多大乘與密咒大乘。」即一般所稱顯教與密教之別。其實，《普賢上師言教》一書論菩提心，已歸在密教的四不加行之中的第一加行，即皈依發心，已是密續的修法。只是，本文對涉及觀想儀軌之部分不予討論。

智慧，而菩提心即為希求覺悟之心。菩提心包含世俗菩提心與勝義菩提心兩種，或稱為相對菩提心及究竟菩提心。世俗菩提心又可分為願菩提心及行菩提心。

　　菩提心的發起，來自於對一切眾生之苦的不忍之心。六道一切眾生，由於無明之故，流轉於輪迴之中，備受諸苦煎熬，修行者觀察世間無所不在之苦，從粗重的生老病死之苦，到細微的天道、人道眾生的壞苦、行苦，深為不忍，因此不願僅僅追求一己之解脫而已，而願意以自己的修行，自度度人。為一切眾生皆離苦得樂，得以究竟解脫痛苦，此求證佛果、救度眾生之心，即是菩提心。

　　菩提心可歸結為四弘誓願，即「眾生無邊誓願度，煩惱無盡誓願斷，法門無量誓願學，佛道無上誓願成」。由於菩提心是大乘佛法核心所在，因此不論是在大乘佛教各經論之中，抑或是大乘佛教各傳承祖師著作中，有關菩提心的論述俯拾皆是。此處，從幾部重要經論及漢藏祖師重要著作中摘錄數段，以彰顯菩提心的重要意涵。譬如，在《華嚴經》卷第五，提到發菩提心者，包含有大悲心、大慈心等十一種心：

> 發菩提心者，所謂：拔濟苦惱諸眾生故，發大悲心；平等福祐諸眾生故，發大慈心；除滅眾生諸苦蘊故，發安樂心；為息眾生不善心故，發饒益心；救護怖畏諸眾生故，發哀愍心；捨離執著障礙法故，發無著心；普遍法界諸佛剎故，發廣大心；等虛空界無不往故，發無邊心；見一切佛妙色身故，發無垢心；觀三世法智無盡故，發清淨心；為欲普入一切智智甚深海故，發大智心；發如是等種種心故，是名菩薩

發菩提心。[56]

可見，菩提心可涵攝多重意義，其內涵相當豐富；或可這樣說，凡一切正面諸種善心，皆可統攝於菩提心之中，這也是引文中所稱「發如是等種種心故，是名菩薩發菩提心」之意。那麼，菩提道的行者，以何因緣發起菩提心呢？古代印度論師天親在《發菩提心經論》中，論及行者有四種緣，促使其發菩提心：

　　一者思惟諸佛發菩提心。二者觀身過患發菩提心。三者慈愍眾生發菩提心。四者求最勝果發菩提心。[57]

這四種緣，其實又可簡要歸納為兩種，一是思維佛果境界，二是觀修自身及諸眾生之苦；前者屬於正面思惟證悟境界的種種功德，以激發向上之心，後者則是對於存在處境的種種負面狀況，予以深切體會，以觸發脫離自身痛苦以及希望能幫助其他眾生脫離痛苦之心。接下來或問，在修道過程中，菩提心之所以如此重要，是為何呢？在漢地，清朝省庵法師的《勸發菩提心文》，流通及講述甚廣，其文說道：

　　嘗聞入道要門，發心為首；修行急務，立願居先。願立則眾

---

[56]　罽賓國三藏般若奉詔譯：《大方廣佛華嚴經》，大正新脩大藏經第十冊，No. 293CBETA 電子佛典　V1.40 普及版。參見中華電子佛典學會網頁http://www.cbeta.org/result/search.htm。

[57]　天親造，後秦龜茲國三藏鳩摩羅什譯：《發菩提心經論》，大正新脩大藏經第三十二冊，No. 1659。

生可度，心發則佛道堪成。苟不發廣大心，立堅固願，則縱經塵劫，依然還在輪迴；雖有修行，總是徒勞辛苦。故《華嚴經》云：「忘失菩提心，修諸善法，是名魔業。」忘失尚爾，況未發乎？[58]

立志雖屬老生常談，卻也的確是推動一切向善向上之行的動因，同時也確保修道過程中不至於岔入歧途。以此之故，發菩提心不僅僅在入道之時必不可缺，在修道的整個過程之中亦不可缺，而在證悟佛果之際，此世俗菩提心亦轉成勝義菩提心，成為所了證之智慧。因此，菩提心是大乘佛法一切修法之心要，若缺乏此願心，即使修習善法，也並不是累積通往菩提之因。這也是突顯菩提心作為一切修法之心要。在藏地，寧瑪派祖師巴珠仁波切《普賢上師言教》說：

> 菩提心概括了佛陀所宣說的八萬四千法門的全部精華，是有則皆足、無則皆缺之教言，猶如百病一藥萬應丹一樣。其他所有累積資糧、淨除業障、觀修本尊、念誦咒語等一切修法都是為了令自相續生起如意寶菩提心之方便法而已，若不依靠菩提心則通過種種途徑也不能獲得圓滿正等覺果位。如果相續中生起了菩提心，則修持任何法都將全部成為獲得圓滿佛果之因。[59]

---

[58] 聖印：《勸發菩提心文講話》（高雄：佛光出版社，1997 年），頁 32-41。
[59] 巴珠仁波切著，佐欽熙日森五明佛學院譯：《普賢上師言教》，頁 159。

主要強調菩提心是佛法的精華，也是修持的核心法門，有則皆足，無則皆缺，也只有修持菩提心，才能獲致圓滿的佛法。又如格魯派祖師宗喀巴在《菩提道次第廣論》中說道：

> 如《華嚴經》云：「善男子，菩提心者，猶如一切佛法種子。」當獲定解，故更釋之。此如水糞及暖土等，與稻種合為稻芽因，與麥豆等種子相合為彼芽因，故是共因。如麥種子任會何緣，終不堪為稻芽等芽因，故是麥芽不共之因。由此所攝水糞等事，亦皆變成麥芽之因。如是無上菩提之心，佛芽因中猶如種子，是不共因。[60]

這是以種子與芽作為譬喻，來說明菩提心對於佛果之關鍵，菩提心是菩提之因，是菩提道上最為根本且關鍵的，至於其他的修法，其實皆只是輔助性質，並不是最為根本的。

（二）以自他相換修習願菩提心、以六度修習行菩提心

　　自他相換是佛教修習菩提心的重要法門。第一步是觀修自他平等，自己與他人是平等的；再次則進一步修習自他相換，將自己之樂與他人之苦相換。修習自他相換有其理論上的依據，即認為自我中心、我執、我愛之心，乃是自己陷於輪迴痛苦的根源，更且在究竟上這自以為存在的「我」（ego）並非真實存在。因此，自他交換並非是自我虐待、缺乏智慧的盲目苦行，而是基於瞭知自己的最大敵人其實是我執之心，由我執而生種種苦痛。為打擊、摧毀這我

60　宗喀巴著，法尊法師譯：《菩提道次第廣論》，頁 206。

執，解脫煩惱痛苦，因此要修習自他平等、自他相換，以證悟無我之智。

　　若問，既然自我中心是痛苦的根源，那麼僅只要去除我執就好，為何要進一步將自己之樂與他人之苦相換呢？此處即是聲聞乘與大乘之別。聲聞乘或所謂小乘，專力於去除我執，固然可以解脫輪迴之苦，但卻無法成就眾多功德。相較之下，大乘行者以眾生為修習慈悲的對象，除最終可導引入無我之智、空性智慧之外，在修習過程中亦累積許多功德。這也是《華嚴經》卷八十一著名的〈普賢行願品〉所言：

> 諸佛如來以大悲心而為體故，因於眾生而起大悲，因於大悲，生菩提心，因菩提心，成等正覺。譬如曠野沙磧之中，有大樹王，若根得水，枝葉華果悉皆繁茂。生死曠野，菩提樹王，亦復如是。一切眾生而為樹根，諸佛菩薩而為華果，以大悲水饒益眾生，則能成就諸佛菩薩智慧華果。何以故？若諸菩薩以大悲水饒益眾生，則能成就阿耨多羅三藐三菩提，是故菩提屬於眾生，若無眾生，一切菩薩終不能成無上正覺。[61]

不見眾生苦，就難以引發大悲心、菩提心，因此說起來菩提是屬於眾生的。

　　至於在修習自他平等方面，如巴珠仁波切《普賢上師言教》

---

[61] 實叉難陀譯：《大方廣佛華嚴經》（臺北：新文豐出版公司，1990年），頁3979。

說：

> 凡希望自己隨時隨地擁有利樂之事，也希望其他眾生同樣擁
> 有；……自己連細微的痛苦也要努力捨棄，同樣也應盡力解
> 除他眾的細微之苦。……仲巴思那堅格西問單巴桑吉尊者：
> 「請您開示一句教言，概括所有的法要可以嗎？」尊者回
> 答：「您自己希望怎樣，其他眾生也希望那樣，所以，如此
> 修持吧！」我們應當根除珍愛自己、嗔恨他眾的貪嗔惡心，
> 平等對待自己與他眾。[62]

自己所希望的，其他眾生也希望如此，似乎就是所謂同理心的發
揮。

在修習自他相換方面，如宗喀巴《菩提道次第廣論》說：

> 《入行論》云：「若有欲速疾，救護自及他，彼應自他換，
> 密勝應受行。」又云：「盡世所有樂，悉從利他生；盡世所
> 有苦，皆從自利起。此何須繁說，凡愚作自利，能仁行利
> 他，觀此二差別，若不能真換，自樂及他苦，非僅不成佛，
> 生死亦無樂。」謂當思惟，唯自愛執，乃是一切衰損之門，
> 愛執他者，則是一切圓滿之本。[63]

宗喀巴並進一步解釋自他相換，說：

---

[62] 巴珠仁波切著，佐欽熙日森五明佛學院譯：《普賢上師言教》，頁 161。

[63] 宗喀巴著，法尊法師譯：《菩提道次第廣論》，頁 225。

> 乃是改換愛著自己，棄捨他人二心地位，應當發心愛他如
> 自，棄自如他。故說改換自樂他苦，應知亦是於我愛執視如
> 怨敵，減除愛重我之安樂；於他愛執見為功德，減除棄捨他
> 人痛苦。於除他苦般重修習，總當不顧自樂而除他苦。[64]

自利得苦，利他得樂，進而愛人如愛己，能如此，才能消除我執，不為自利，如此，才能獲得真正的快樂。

至於行菩提心，乃修習六度，即六波羅蜜，即布施、持戒、安忍、精進、禪定、智慧。布施度包括：財布施、法布施、無畏布施。持戒度包括：禁惡行戒、攝善法戒、饒益有情戒。安忍度包括：忍辱他人邪行之安忍、忍耐求法苦行之安忍、不畏甚深法義之安忍。精進度包括：擐甲精進、加行精進、不滿精進。禪定度即修真實禪定。智慧度包括：聞慧、思慧、修慧。[65]

（三）勝義菩提心是體證空性之心

經過長期修行資糧道、加行道的努力，於見道中現量證知諸法實相，是為勝義菩提心。在修道的起點及路途上來說，要發菩提心，不時地憶念菩提心，然而卻也要不時生起空性慧。正如《金剛經》卷三〈究竟無我分第十七〉說：

> 善男子、善女人，發阿耨多羅三藐三菩提心者，當生如是
> 心：我應滅度一切眾生，滅度一切眾生已，而無有一眾生實

64　同前註，頁 226。

65　巴珠仁波切著，佐欽熙日森五明佛學院譯：《普賢上師言教》，頁 169-181。

> 滅度者。[66]

當下建構、當下解構。不僅無眾生可度，無道可修，亦無佛果可證。

從實踐的角度說，發菩提心者，並不比輪迴中受苦的眾生來得有任何一分高貴，也並不比諸佛菩薩等證悟者來得有任何一分低下。儘管如此，自以為比眾生來得高貴，乃是修道上極為常見的症狀，即對自己修行感到驕慢自滿，而驕慢之心最是細微難治。雖然在緣起上，諸佛菩薩是修行者所禮敬、學習的對象，而眾生是修行者所培養慈悲喜捨四無量心的對象，是修習六度的對象。但這並不意謂，在究竟上三者乃有高下之別，所謂心、佛、眾生三無差別，即是此意。為了避免修行者將菩提心固體化、客體化成為一個可執持的對象，《金剛經》這種勝義諦的教法很是可貴。否則，菩提心一旦成為客體，便成為離開主體而存在的「他者」。

四、「自覺」與「菩提心」之比較

本文對梁漱溟的「自覺」進行闡述，並簡要敘述在佛教中的「菩提心」，此處則是對這兩者試予比較。梁漱溟談「自覺」，主要是在儒家的理論架構下來談。因此，要談「自覺」與菩提心的比較，說來其實也就是儒佛異同的議題。基於以上所論，略分為幾點評述如下。

其一，二者皆為既內在又超越，即心性論與宇宙本體論合而為

---

[66] 鳩摩羅什譯：《金剛經》（臺北：新文豐出版公司，1979 年），頁 213。

一。梁漱溟所言自覺，不僅內在於每個人心中，且同時是超越的存在，是宇宙萬有的本體。菩提心，在修道的起點而言，是動機、發心；而在修道的終點而言，證悟真如本心，即是究竟之諸法實相。

其二，二者皆為各自修養之學的根本。

其三，佛教的菩提心，其初發心是不忍眾生苦。這在儒家來說，雖有修、齊、治、平及內聖外王，但至少在梁漱溟對「自覺」的討論中，並未見到。

其四，佛教對菩提心的修習，較具次第性，方法也較為豐富，且具解構性。儒家則不具解構性，而梁漱溟對長養「自覺」的方法，也較為簡單。簡單也是一種優點。

其五，二者所討論的時空架構有所不同。佛教涉及三世，儒家只談此生。

此外，梁漱溟曾撰〈儒佛異同論〉一文，討論儒、佛之間的差異與相通。〈儒佛異同論〉說：

> 儒家從不離開人來說話，其立腳點是人的立腳點，說來說去總還歸結到人身上，不在其外。佛家反之，他站在遠高於人的立場，總是超開人來說話，更不復歸結到人身上──歸結到成佛。[67]

這是從儒家與佛家相異之處而言，儒家是就人來立論，而佛家則遠高於人。梁漱溟又言及儒佛之間相通者有二：

---

[67]　梁漱溟：〈儒佛異同論〉，《梁漱溟全集》（第七卷），頁153。

一、兩家為說不同，然其為對人而說話則一也（佛說話的對
　　象或不止於人，但對人仍是其主要的）。
二、兩家為說不同，然其所說內容為自己生命上一種修養的
　　學問則一也。[68]

　　儒佛立說雖有不同，但皆為生命修養之學，這是兩者相通之
處。

　　儒佛之間是思想史上的重要議題，儒家與佛家彼此或是相斥，
或是相融。相較於宋明許多排佛的儒者，梁漱溟並不排佛，他既是
儒者，也是佛者，甚且在他的人生及思想中，佛徒的身分還應排在
其儒者身分之前。譬如，梁漱溟晚年接受艾愷訪問時，提到他精神
上的寄託時說：「我覺得還是得力於佛學。」[69]並對艾愷解釋大乘
佛教的精神，說：「大乘道是在小乘道的基礎上來個大翻案，就是
它不出世，它的話是這麼兩句，叫作『不捨眾生，不住涅
槃』。……它要回到世間來，它不捨開眾生。」不捨眾生，是出於
對眾生的慈悲心。慈是與樂，悲是拔苦，而在慈心與悲心兩者之
間，悲心又更為重要，希望眾生皆能脫離痛苦，此種願心是心中生
起菩提心的關鍵因素。梁漱溟悲心甚強，兒子梁培恕回憶：

　　一九八八年三月下旬，傾心佛學的女教師高琳領來了一個上
　　了兩年大學，棄學出家的小和尚。他顯得很特別，年輕人的
　　眼睛喜到處看，到了新地方更會如此，但是他全不看，他的

68　同前註，頁153。
69　梁漱溟口述，艾愷採訪：《這個世界會好嗎？》，頁111。

心情是領取佛法，或許只是為了聽到一種可以引領自己的聲音。父親也全然忘記了周圍的一切，專一於對這很像自己的年輕人說話。只有一個話題，並且幾乎只有一句話，反覆重複地說：「就是要發願，發悲願。」父親的每說一句，小和尚都高聲逐字重複一遍，好像唯恐遺露。他們起初分賓主坐在兩把藤椅上，不知何時兩把椅子併到一起去了。如果心靈可以合併，那就是當時的情形。[70]

梁漱溟對年輕和尚反覆叮囑「發悲願」這三字，即顯露出他強烈的慈悲心、菩提心。早在三十年代，梁漱溟曾自撰聯語：「我生有涯願無盡，心期填海力移山」。[71]1956 年 10 月 8 日，梁漱溟日記寫道：「靜中曾動發願再來之想。」[72]這些都是大乘菩薩道的心願。事實上，梁漱溟一生為人所津津樂道的鄉村建設，其動機也是與大乘菩薩道的修行密切相關。他有一篇文章〈以出家的精神做鄉村工作〉，其中說道：

真正的和尚出家，是被一件生死大事，打動他的心肝，牽動他的生命；他看到眾生均循環沉淪於生死之中，很可憐的，所以超脫生死，解決生死，遂拋棄一切，不顧一切。現在我來作鄉村運動，在現在的世界，在現在的中國，也是同和尚出家一樣。我同樣是被大的問題所牽動，所激發；離開了朋

---

70 梁培恕：《中國最後一個大儒──記父親梁漱溟》（南京：江蘇文藝出版社，2011 年），頁 381-382。按，此書名由出版社所擬。

71 同前註，頁 382。

72 梁漱溟：《日記》，《梁漱溟全集》（第八卷），頁 596。

友，拋棄了親屬，像和尚到廟裡去般的到此地來。因為此事
太大，整個的佔據了我的生命，我一切都無有了，只有這件
事。此時即如出家和尚出家時覺得世人都是在作夢，而自己
甚為孤獨，但多數人仍佔在他的心內。在佛家原是為眾生，
悲憫眾生，為眾生解決生死；這種不忘眾生，念著眾生的心
理，作鄉村運動的人，應當仿傚。[73]

儒佛兼具，是我們看待梁漱溟這位「最後的儒者」時所不應該忽略
的地方。

五、結論

不論是儒家還是佛教，理論可以很精微廣大，而實踐起來可以
很簡單。本文開頭所提問題：成德之學難道就只是一些價值理念？
一套禮儀規範？或是一種生活方式？又，何謂成德之學的最核心？
能不能找到一個最為根本、退無可退的立基石？這其中最為根本
的，在梁漱溟是「自覺」，在孟子、陽明是「良知」，在佛教是
「菩提心」。梁漱溟說：「凡未自識得其本心者，雖儒言、儒行、
儒服焉，終不過旋轉乎門外而已耳，不為知學也。」[74]若能得此，
方可謂找到一個退無可退的立基石。這個立基石，我們只需不斷地
涵養它、深化它，只此便是工夫。對這一立基石的信任，自肯自

73　梁漱溟：〈以出家的精神做鄉村工作〉，《散篇論述》，《梁漱溟全集》
　　（第四卷），頁 425。

74　梁漱溟：〈禮記大學篇伍嚴兩家解說合印敍〉，《禮記大學篇伍嚴兩家解
　　說》，《梁漱溟全集》（第四卷），頁 9。

認，倚賴它、仰賴它，在生活上的歷緣對境，在遭逢考驗與打擊之時，這個立基石好比燈塔，亦猶如黑夜中之北斗星，能帶領我們穿越人生困局之迷霧、煩惱之障蔽，乃至生死之怖畏。在生活中、在職場上，在疾病中，在打擊困頓中，在遭逢誤解、委屈之時，在得意時、失意時，在他人一帆風順而自己卻挫敗連連之時，在眼見善未得善報而惡似有善果之時，這一最為根本的信念，是我們尚且能夠抱持樂觀態度，繼續往前走的最大支柱。

引用書目

一、古籍

天親造，後秦·龜茲國三藏鳩摩羅什譯：《發菩提心經論》，電子版。

後秦·鳩摩羅什譯：《金剛經》，臺北：新文豐出版公司，1979 年。

唐·實叉難陀譯：《大方廣佛華嚴經》，臺北：新文豐出版公司，1990 年。

宋·朱熹：《大學章句集注》，臺北：世界書局，1967 年。

元·宗喀巴著，法尊法師譯：《菩提道次第廣論》，臺北：圓明出版社，
　　1992 年。

清·巴珠仁波切著，佐欽熙日森五明佛學院譯：《普賢上師言教》，拉薩：
　　西藏人民出版社，2007 年。

二、近人論著

伍庸伯：《禮記大學篇解說》，《梁漱溟全集》（第四卷），濟南：山東人
　　民出版社，1991 年。

李淵庭：〈晚年梁漱溟的政治情懷與日常生活〉，《末代碩儒——名人筆下
　　的梁漱溟、梁漱溟筆下的名人》，上海：東方出版中心，1998 年。

留·柯斯莫捷綿斯卡亞著，么洵譯：《卓婭與舒拉的故事》，北京：青年出
　　版社，1952 年。

梁培恕：《中國最後一個大儒——記父親梁漱溟》，南京：江蘇文藝出版
　　社，2011 年。

梁漱溟：〈一個人的生活〉，《散篇論述》，《梁漱溟全集》（第四卷），
　　濟南：山東人民出版社，1991 年。

———：《人心與人生》，臺北：谷風出版社，1987 年。

———：《日記》，《梁漱溟全集》（第八卷），濟南：山東人民出版社，
　　1993 年。

———：〈以出家的精神做鄉村工作〉，《散篇論述》，《梁漱溟全集》
　　（第四卷），濟南：山東人民出版社，1991 年。

———：〈伍庸伯先生傳略〉，《梁漱溟全集》（第四卷），濟南：山東人

民出版社，1991 年。

———：《勉仁齋讀書錄》，《梁漱溟全集》（第七卷），濟南：山東人民出版社，1993 年。

———：〈悼亡室黃靖賢夫人〉，《梁漱溟全集》（第五卷），濟南：山東人民出版社，1992 年。

———：《朝話》，《梁漱溟全集》（第二卷），濟南：山東人民出版社，1994 年。

———：〈儒佛異同論〉，《梁漱溟全集》（第七卷），濟南：山東人民出版社，1993 年。

———：〈禮記大學篇伍氏學說綜述〉，《禮記大學篇伍嚴兩家解說》，《梁漱溟全集》（第四卷），濟南：山東人民出版社，1991 年。

———：〈禮記大學篇伍嚴兩家解說合印敘〉，《禮記大學篇伍嚴兩家解說》，《梁漱溟全集》（第四卷），濟南：山東人民出版社，1991 年。

———：《禮記大學篇伍嚴兩家解說》，《梁漱溟全集》（第四卷），濟南：山東人民出版社，1991 年。

梁漱溟口述，艾愷採訪：《這個世界會好嗎？》，臺北：五南圖書出版公司，2008 年。

聖印：《勸發菩提心文講話》，高雄：佛光出版社，1997 年。

梁漱溟的印度情懷

一、前言

在當代新儒家的譜系中，梁漱溟與熊十力被視為是第一代新儒家學者，第二代則為唐君毅與牟宗三。牟宗三對臺灣學界影響尤其深遠，直至今日。

梁漱溟十幾歲開始時，就對佛教的出家修行產生嚮往之心。1916 年，寫成並發表〈究元決疑論〉一文，文中批評古今中外諸子百家，而獨推崇佛法。隨後，以此文當面求教於蔡元培先生，並於次年，即 1917 年，受到初上任北京大學校長的蔡元培之邀，開始任教於北京大學哲學系，講授「印度哲學概論」及「儒家哲學」等課。[1]後來，日益不滿於學校只是講習知識技能，終於在 1924 年辭去北大教職，開始投身於民間講學、鄉村建設等活動。[2]梁漱溟

---

[1]　梁漱溟說：「我既從青年時便體認人生唯是苦，覺得佛家出世最合我意，茹素不婚，勤求佛典，有志學佛，不料竟以〈究元決疑論〉一篇胡說瞎論引起蔡元培先生注意，受聘擔任北大印度哲學講席。」見梁漱溟：〈我的自學小史〉，《我生有涯願無盡——梁漱溟自述文錄》（北京：中國人民大學出版社，2004 年），頁 35。

[2]　梁漱溟說：「隨著在北大任教時間的推移，我日益不滿於學校只是講習一點知識技能的偏向。1924 年我終於辭去北大教職，先去山東曹州辦學，後又回京與一般青年朋友相聚共學，以實行與青年為友和教育應照顧人的

成名甚早，最為人所熟知的著作，莫過於 1921 年出版的《東西文化及其哲學》一書[3]，此書對中、西、印三大思想文化進行比較，當時正逢五四思潮、新文化運動時期，在一片崇尚西學的風氣中，梁漱溟大力推崇儒學，並宣稱要排斥印度文化，反對大家做佛家生活，而主張要做孔家的生活，自己也於當年結婚。[4]自此以後，即使歷經文化大革命的批孔運動，梁漱溟仍不改其志，因而受到美國歷史學者艾愷譽為「最後的儒家」。但實際上，梁漱溟自始至終從未放棄佛法修行，詳見後述。

近十餘年來，學界對當代新儒學的研究愈趨豐碩，但大體上仍不離對其哲學思想的研究。以梁漱溟研究為例，絕大部分的研究乃集中於他早年著作，如《東西文化及其哲學》、《印度哲學概論》、《唯識述義》等這類哲學性較強的論著，以探索他的思想體

全部生活的理想。」見梁漱溟：〈自傳〉，此文錄自《梁漱溟學術精華錄》（北京：北京師範學院出版社，1988 年），頁 513-518。後收入梁漱溟：《梁漱溟全集》（第六卷）（濟南：山東人民出版社，1993 年），頁 635。

[3] 這本書在最初的 4 年之中，印刷了 8 次之多，同時也將梁漱溟抬到了全國矚目的位置上。他在大學中的課程也突然吸引了大批學生和校外聽眾，以至於他不得不把他的課改到校內主要大廳裏講授。他在校外的演講也成了值得報導的重要新聞。以上參見艾愷著，王宗昱、冀建中譯：《最後的儒家：梁漱溟與中國現代化的兩難》（南京：江蘇人民出版社，1996年）。

[4] 梁漱溟說：「1917 年起我在北大哲學系，先後講授『印度哲學概論』、『儒家哲學』等課。此時正值『五四』運動前後，新思潮高漲，氣氛對我講東方古學術的人無形中有壓力。在此種情勢下，我開始了東西文化的比較研究，後來即產生了根據演講記錄整理而成的《東西文化及其哲學》一書。」同註 2。

系。然而，梁漱溟本身卻多次申言，他並非「學者」，而只願意承認是一位「思想者」。[5]如 1980 年梁漱溟接受艾愷專訪十餘次，這

5　梁漱溟曾說：「我本來無學問，只是有思想，而思想之來，實來自我的問題，來自我的認真。因為我能認真，乃會有人生問題，乃會有人生思想、人生哲學。不單是有哲學，因為我不是為哲學而哲學。當初我的思想是從實在的問題中來，結果必回歸於實在的行動中去。」見梁漱溟：〈自述〉，《我生有涯願無盡──梁漱溟自述文錄》，頁 42。此文乃根據 1934 年演講整理所成。

又如梁漱溟 1928 年在廣州中山大學演講，說：「我老實對大家講一句，我根本不是學問家！並且簡直不是講學問的人，我亦沒有法子講學問！大家不要說我是什麼學問家！我是什麼都沒有的人，實在無從講學問。不論講哪種學問，總要有一種求學問的工具：要西文通曉暢達才能求現代的學問；而研究現代的學問，又非有科學根柢不行。我只能勉強讀些西文書，科學的根柢更沒有。到現在我才只是一個中學畢業生！說到國學，嚴格地說來，我中國字還沒認好。除了只費十幾天的功夫很匆率地翻閱一過《段注說文》之外，對於文字學並無研究，所以在國學方面，求學的工具和根柢也沒有。中國的古書我通通沒念過，大家以為我對於中國古書都很熟，其實我一句也沒有念，所以一句也不能背誦。如果我想引用一句古書，必定要翻書才行。從七八歲起即習 ABC，但到現在也沒學好；至於中國的古書到了十幾歲時才找出來像看雜誌般的看過一回。所以，我實在不能講學問，不管是新的或是舊的，而且連講學問的工具也沒有。那麼，不單是不會講學問，簡直是沒有法子講學問。」見梁漱溟：〈如何成為今天的我〉，《我生有涯願無盡──梁漱溟自述文錄》，頁 81。梁漱溟於此演講最後說道：「末了，我要向諸位鄭重聲明的：我始終不是學問中人，也不是事功中人。我想了許久，我是什麼人？我大概是問題中人！」出處同前，頁 89。

又如梁漱溟說：「就以人生問題之煩悶不解，令我不知不覺走向哲學，出入乎百家。然一旦於人生道理若有所會，則亦不復多求。假如視哲學為人人應該懂得的一點學問，則我正是這樣懂得一點而已。」見梁漱溟：〈生平述略〉，《我生有涯願無盡──梁漱溟自述文錄》，頁 6。此

部分的錄音，後來整理成書，其中梁漱溟對艾愷說：

> 我常常對人表示我不是一個學者。……我承認自己是一個有
> 思想的人，並且是本著自己思想而去實行、實踐的人，我就
> 是這麼一個人。我對學術啊、學者啊，對中國的老學問不
> 行。我對你說過，小時候沒有念過《四書五經》，《四書五
> 經》的書裡面有些個生字我現在還不會認。那麼，再一面，
> 現在的學問，科學我也不行，我西文不行……所以講到學
> 問，我只能夠歇一歇，我說我不行。……我自己承認我是個
> 有思想的人，獨立思考，表裡如一。[6]

以此之故，若將梁漱溟視為是一位自成體系、有創見的哲學家或學

文寫於 1984 年。

　　以上大量引述梁漱溟之言，除了這些引文並不常見於現今梁漱溟研究的論著之中以外，更且是為了讓讀者感受梁漱溟本人的真誠與坦率。

[6]　梁漱溟口述，艾愷採訪：《這個世界會好嗎？》（臺北：五南圖書出版公司，2008 年），頁 81。本書簡體初版則是於 2006 年。另可參見艾愷著，王宗昱、冀建中譯：《最後的儒家：梁漱溟與中國現代化的兩難》，頁5：「梁漱溟和其他致力於播揚國粹的人們之間有著根本的區別。首先，他不是任何一個學派的成員。他關於中國的傳統經典、注疏、史傳方面的知識也遠不如章太炎那樣的傑出學者。其次，和五四以後文化守成主義的主要傾向形成鮮明對照，他並不重視文學遺產和經學。他把對傳統文學的學術研究視為精力所用不當而不加考慮，把小說、純文學、詩歌看作是浪費時光。」這段話，說明了梁漱溟與當時北京的幾個主流學脈大為不同，既非承襲乾嘉考據的古文經傳統，如章太炎一派，也不是辜鴻銘、吳宓等文化保守主義。此外，他當然更不屬於胡適、傅斯年的科學主義式的史料學派。

者，並不容易得其旨趣，反而離他本人的真實形象更遠。那麼，應當如何看待梁漱溟以及他在思想史上的定位呢？筆者認為，與其僅探索梁漱溟幾部哲學性較強的論著，不如從其自述、書信、日記、筆記、訪談等入手，更能完整且更好地看待梁漱溟其人其事及其在歷史時空中的價值。正如艾愷 2005 年在序言中所說：「就作為一個歷史研究者的角度看來，我認為就算再過一百年，梁先生仍會在歷史上占有重要的地位，不單單是因為他獨特的思想，而是因為他表裡如一的人格。與許多二十世紀的儒家信徒相較起來，他更逼近傳統的儒家，確實地在生活中實踐他的思想。而非僅僅在學院中高談，梁先生以自己的生命去體現對儒家和中國文化的理想，就這點而言，他永遠都是獨一無二的。」[7]

本文之作，即希望彌補現今學界對梁漱溟研究的不足之處，特別是他一生始終未曾放棄的印度情懷，而這部分是學界所不夠留意的。本文所謂印度情懷，指的是梁漱溟對發源自印度的佛教之體認，另則是梁漱溟對於現代印度代表人物泰戈爾與甘地的接觸及評價，整體上所表現出來對印度的嚮往之情。

二、梁漱溟與佛教

如本文開頭所言，梁漱溟被視為是當代新儒家中的第一代，他對儒、佛二家的觀點，時常受到討論。自東漢時期佛教傳入以來，儒、佛之間就是一個大議題，從排佛、反佛，到宋明儒學的援佛入

---

[7]　梁漱溟口述，艾愷採訪：〈艾愷教授序〉，《這個世界會好嗎？》，頁6。

儒乃至三教合一,各種立場皆有。二十世紀眾多受人矚目的思想學派之中,當代新儒學(或稱「現代新儒學」)是其中一支偏向於哲學思想的學派。這一學派既稱為「新儒學」,那麼他們對佛教的立場與態度為何,即頗受關注。有些研究,僅根據梁漱溟《東西文化及其哲學》一書,便判斷他於此書出版的 1921 年起,從此棄佛從儒。[8]

其實,不只是《東西文化及其哲學》一書給人的印象,梁漱溟於 76 歲之年,即 1969 年,完成〈自述早年思想之再轉再變〉一文,亦讓人認為儒家思想是他的最後歸宿。在這篇文章中,梁漱溟將他的思想發展分為三期:第一期思想是近代西洋的功利主義思想,這個階段大約十歲至二十歲之間,如他說:

> 愚生於 1893 年,即甲午中日戰爭前一年。……父謂是文人之所誤……不說實話(虛誇);作事,不做實事,循此不改,不亡其國不止。反觀西人所以致富強者,豈有他哉,亦

---

[8] 如艾愷著,王宗昱、冀建中譯:《最後的儒家:梁漱溟與中國現代化的兩難》,頁 51:「當 1921 年 5 月他表示要獻身於儒學時,他隨即決定要改變自己的生活方式,由一個虔誠的佛徒變成一個虔誠的儒者。一個顯著的標誌就是——他必須結婚。當時,對於梁漱溟來說,尋求婚姻之樂乃是出於一種嚴格的道德責任,這種責任來自他新近的承諾及以前獨身不孝而產生的負疚感。正如他當時寫給朋友的信中說的那樣,他之娶妻實出於好德而非好色。」在此要說明的是,這是艾愷早期對梁漱溟的觀點,頗具代表性。不過,等到 1980 年艾愷親自有機會當面訪問梁漱溟時,則已改變了他對梁漱溟的看法。

唯講實學，辦實事而已。[9]

第二期即轉入古印度思想，大約是 1911 年至 1920 年之間，這段期間他「志切出家入山之時，雖以老父在，未即出家，而已守佛戒茹素不婚」[10]。他自述：

> 我生來有一好用思想的頭腦……我乃發現一真理曰：苦樂不在外境。……一切問題原都出自人類生命本身而不在外面；但人們卻總向外面去求解決。這實在是最普泛最根本的錯誤！放眼來看，有誰明見到此呢？恐怕只有佛家了。……我當時初非受了佛家影響而傾慕出世的，乃是自家思想上追尋到此一步，然後覓取佛典來參考學習，漸漸深入其中的。[11]

梁漱溟於 1920 年冬放棄出家之念，並於 1921 年冬結婚，因此他將自己的第三期思想從 1920 年算起，歸於中國儒家思想。梁漱溟表示，他幼時讀書，正值父親痛心國難之時，「就教我讀《地球韵言》一類的書，俾知曉世界大勢，而未曾要我讀《四書五經》。其

9　見梁漱溟：〈自述早年思想之再轉再變〉，頁 177。此文完成於 1969 年，錄自《中國哲學》（第一輯），1979 年 8 月，三聯書店，收入梁漱溟：《梁漱溟全集》（第七卷）。

10　同前註，頁 181。

11　同前註，頁 178-180。此處可參見梁漱溟於〈自述〉一文所言：「我的看佛學書，是自己已經先有了與佛家相近之思想而後才去看佛學書。我看任何書都是如此，必是自己先已經有了自己的一些思想而後再參考別人的意見，從未為讀書而讀書。」見梁漱溟：〈自述〉，《我生有涯願無盡——梁漱溟自述文錄》，頁 41。

後入小學，進中學，讀一些教科書，終竟置中國古經書未讀。古經書在我，只是像翻閱報刊那樣，在一年暑假中自己閱讀的。」[12]不過，雖然家中並未要求讀中國古書，梁漱溟對於「經典各書的古文字，自己識解不易，其於義理多不甚了然；唯《論語》、《孟子》上的話卻不難通曉。特使我思想上有新感受者是在《論語》。全部《論語》通體不見一苦字。相反地，辟頭就出現悅樂字樣。其後，樂之一字隨在而見，語氣自然，神情和易，僂指而難計其數，不能不引起我的思尋研味。」[13]後來，梁漱溟進入北京大學任教，於1921年出版《東西文化及其哲學》，以這三條路向或這三種人生態度為其立論之本，而認為：

> 謂儒家、佛家之學從人類生活發展變化歷史途程上看，實皆人類未來文化之早熟品；瞻望前途，中國文化即將在最近未來復興於世界。自己既歸宿於儒家思想，且願再創宋明人講學之風——特有取於泰州學派之大眾化的學風——與現代的社會運動融合為一事。……後此我之從事鄉村運動即是實踐其所言。[14]

以上可見，梁漱溟確實曾承認自己最後乃歸宗於儒家思想。但事實上，梁漱溟對此另有說法，應該整體來看待這一問題。

若從時間先後的排序來看，梁漱溟在他所稱轉入第三期思想之後，其實一直並未放棄佛教修行。王宗昱、陳來兩位教授，對梁漱

12　梁漱溟：〈自述早年思想之再轉再變〉，頁181。
13　同前註，頁181。
14　同前註，頁183-184。

溟的佛教修行撰有專文，可資參考。[15] 王宗昱〈梁漱溟的佛教修
行〉一文中提到，梁漱溟 1914 年曾想前往衡山想出家為僧，即使
在北大教書期間，仍然曾經在西郊極樂寺和摩訶庵靜養，且和歐陽
竟無交往，並他曾經在極樂寺住過四十多天。此後，陸陸續續在日
記中，多次可見梁漱溟的佛教修行。[16]

　　陳來〈梁漱溟與習靜之功〉一文，則詳細討論梁漱溟 1949 年
長達 39 天的山中閉關日記。早在 1947 年，梁漱溟在重慶北碚辦
學，成立勉仁書院時，這一年梁漱溟即曾訪謁具有密宗傳承的能海
法師，並請教修行之法。1949 年跟隨著名藏傳佛教噶舉派貢噶上

15　王宗昱：〈梁漱溟的佛教修行〉，《鵝湖月刊》第 29 卷第 6 期（2003 年
　　12 月），總號第 342，頁 30-34。陳來：〈梁漱溟與習靜之功〉，《鵝湖
　　月刊》第 34 卷第 11 期（2009 年 5 月），總號第 407，頁 7-20。

16　王宗昱：〈梁漱溟的佛教修行〉，頁 30。梁漱溟 1949 年日記中提到的功
　　法和經典包括：百字明、護法咒、亥母、《四部宗見》、金剛薩埵、四加
　　行、十七字咒、達摩十二手、〈普賢行願品〉、亥母輪、龍樹《發菩提心
　　論》；1950 年日記中又有準提咒、數息觀法、《大般若經》、觀音咒、
　　《法句經》、《解脫道論》、《十住毗婆娑論》、《菩提資糧論》、黃檗
　　《傳法信要》、《法蘊足論》、《出曜經》、《指月錄》、《百丈語錄》
　　等。又，根據梁漱溟筆記本記載，包括有：發願文、《心經》、《楞嚴
　　經》摘抄、四皈依真言、百字明短咒、供曼達、蓮華祖師根本咒、嘎嘛巴
　　祖師心咒、上師心咒、觀音菩薩心咒、聖救度母咒、金剛亥母密咒、護法
　　善事金剛咒、百字明漢譯、《觀世音菩薩大悲陀羅尼經》、觀空咒、大善
　　解功德主、貢噶上師《椎擊三要訣撮要》、《恆河大手印直講》、《六祖
　　壇經》、三祖僧燦大師〈信心銘〉、陳健民先生〈答友人書〉、圓明居士
　　〈真心銘〉等。以上參見王宗昱一文，頁 31-32。從中可見，梁漱溟對佛
　　教特別是藏密傳承涉入之深，特別是寧瑪派與噶舉派的修法。但另方面
　　言，這些咒語或佛典，乃是藏傳修法者經常修持或讀誦者，並不算是罕
　　見。

師學密一事，梁漱溟在晚年〈致言申夫〉（1984）亦曾提到：

> 1949 年夏秋間貢噶上師到重慶北碚，駐公園，我經友引
> 進，聆取無相大手印，接受灌頂，當下如飲醍醐，得未曾
> 有。我自少年傾心佛法（非受人指引，是自發的），抱出家
> 為僧之念，直至 29 歲乃始放棄而結婚，但始終發願不捨眾
> 生，不住涅槃。[17]

1949 年 8 月，梁漱溟偕同羅庸、謝無量等友人在北碚的縉雲山頂
縉雲寺閉關修佛。梁漱溟於此閉關有地緣關係，因勉仁書院即在縉
雲山腳下，此山位於四川嘉陵江畔，縉雲寺則是始建於南朝的古
寺，也是太虛法師辦漢藏教理院之處。[18]這次山中閉關，自 8 月 4
日開始，至 9 月 9 日下山，期間修習的是貢噶上師所傳的修習法
門，主要是噶舉派傳承的四加行及大手印。四加行是藏傳佛教各傳
承共通的修持法門，包括皈依大禮拜、金剛薩埵百字明、供曼達、
上師相應法，這四種加行各需要做十萬遍，主要目的為淨除業障與
積聚資糧。至於大手印，則為白教噶舉派的最高心法，以求證悟心
性、了悟實相。其中梁漱溟有段日記特別值得注意，即 1949 年 8
月 19 日所記：

> 自皈依上師之日即先曾自己審查一番：一切法中佛法最勝，
> 我豈有疑，然從人類文化發展說，當前需要則在中國文化，

17　梁漱溟：〈致言申夫〉，《梁漱溟全集》（第八卷），頁 308。
18　參見陳來：〈梁漱溟與習靜之功〉，頁 9。

　　而非佛法之時機。同時我於當前中國建國問題及世界文化轉
　　變問題，自覺有其責任，更無第二人代得。[19]

可見，梁漱溟對外宣稱歸宗於儒家，是從「人類文化發展」的角
度，認為「當前需要」是在中國文化，但就他自身來說，仍以佛法
為最勝。這一點，在他〈致田慕周〉（1975 年 3 月 2 日）一信
中，亦提到自己「崇信佛法，老而彌篤」[20]。1980 年〈寄君大姪〉
信中亦說：「我少年時便想出家為僧，至今仍然是一佛徒。一生雖
多轉變，卻萬變不離其宗，總在『獨立思考，表裡如一』八個字，
既狂又狷，蓋時時多自悔自責之事矣。」[21]

　　1980 年 8 月，梁漱溟以 87 歲之齡，接受艾愷訪問，應該可以
視為梁漱溟晚年最後定論。這段訪問如下：

　　　　艾：梁先生，您現在年紀很大了，就是說，對佛教、佛學的
　　　　興趣有沒有好像恢復了或者增加了，就是說，這個「五四」
　　　　時代，您就好像是放棄了佛學而轉入儒學。
　　　　梁：那個都不大相干，說放棄，也沒有放棄，不過是，原來
　　　　想出家做和尚，把這個「出家做和尚」放棄了，在思想上還
　　　　是那樣。……我是年紀很小，比如說十六、七歲就想出家為
　　　　僧。……這個（出家）志願到了二十九歲才放棄這個念頭，
　　　　不出家了。……被蔡元培先生拉去，在北京大學要我講哲
　　　　學。走上這樣一步，就起了變化。……而跑到知識界，跟知

19　梁漱溟：〈日記〉（1949），出處同註 17，頁 424。
20　梁漱溟：〈致田慕周〉（1975 年 3 月 2 日），出處同註 17，頁 184。
21　梁漱溟：〈寄君大姪〉（1980），出處同註 17，頁 337。

識分子在一起。同知識分子在一起，他難免就有知識分子對
知識分子這種好勝，就是彼此較量，跟這個好勝的心是從身
體來的。……一到大學裡頭，同許多知識分子在一起，彼此
容易有辯論，就引起了好勝之心。這個好勝之心是身體的，
是身體的就它就容易有那個兩性的問題……這個時候也想結
婚了。[22]

梁漱溟又說：

我自己承認我是個佛教徒，如果說我是一個儒教徒，我也不
否認。為什麼呢？為什麼也不否認呢？就是因為這個大乘菩
薩，我是要行菩薩道，行菩薩道嘛，就「不捨眾生，不住涅
槃」，所以我就是要到世間來。因此我的一生，譬如大家都
知道我搞鄉村建設、鄉村運動，我在政治上也奔走，奔走於
兩大黨之間，就是為國家的事情，特別是日本人侵略中國的
時候，所以這個算是出世不算是出世呢？這個與出世一點不
違背，因為這是什麼呢？這是菩薩道，這不是小乘佛法，小
乘佛法就要到山裡頭去啦，到廟裡頭去了，不出來了，大乘
佛法就是「不捨眾生，不住涅槃」。說我是儒家、是孔子之
徒也可以，說我是釋迦之徒也可以，因為這個沒有衝突，沒
有相反。[23]

22　梁漱溟口述，艾愷採訪：《這個世界會好嗎？》，頁 6-7。
23　同前註，頁 24-25。

以上可見，對梁漱溟而言，儒、佛兩家是可以相通而沒有衝突的，因為他所走的是大乘菩薩道，因此積極從事於鄉村運動及政治上國、共之間的協調工作。[24]這種種對他來說，既是儒家孔子之徒，也是佛教釋迦之徒，兩者並無矛盾。[25]另外，在飲食上、生活上，梁漱溟也維持著素食及平淡的原則，如他說：

> 梁：我很年輕就吃素，不吃肉，不吃肉就是佛家不殺生，一切動物都不吃。
> 艾：您還是吃素嗎？
> 梁：現在還吃素，吃素七十年了。
> 艾：已經七十年了，那這麼說，您八歲的時候，不，十八歲的時候……
> 梁：因為七十年以前，住在北京，同父親在一起，自己想吃素，不過父親不喜歡，不喜歡我也就沒有吃素。剛好有一個機會，我離開北京了，去了陝西西安了，到西安以後我就開

24　有關梁漱溟奔走於國、共之間，可參見艾愷著，王宗昱、冀建中譯：《最後的儒家：梁漱溟與中國現代化的兩難》第十二章，頁286-325。

25　有關儒家與佛家，梁漱溟曾撰有〈儒佛異同論〉一文，此文錄自《東方學術概論》，頁 5-31，巴蜀書社，1986，現收錄於梁漱溟：《梁漱溟全集》（第七卷），頁 152-169。此文提及：「儒佛不相同也，只可言其相通耳。」又說：「儒家從不離開人來說話，其立腳點是人的立腳點，說來說去總還歸結到人，不在其外。佛家反之，他站在遠高於人的立場，總是超開人來說話，更不復歸結到人身上──歸結到成佛。前者屬世間法，後者則出世間法，其不同彰彰也。」又說：「然儒佛固又相通焉。其所以卒必相通者有二：兩家為說不同，然其為對人而說話則一也。兩家為說不同，然其所說內容為自己生命上一種修養的學問則一也。」以上皆出自頁153。總體看來，梁漱溟的看法是，儒佛雖不同，但可相通。

始吃素，開始吃素就一直沒有改變了。[26]

又說：

> 我是一個佛教徒，佛教徒他把什麼事情都看得很輕，沒有什
> 麼重大的問題，什麼都沒有什麼。再說到我自己，我總是把
> 我的心情放得平平淡淡，越平淡越好。我的生活也是如此。
> 比如我喝白開水，不大喝茶。我覺得茶，它有點興奮性，我
> 覺得不要喝茶好，給我白開水的好。我吃飲食，我要吃清淡
> 的，一切肉類，人家認為好吃的我都不要吃，並且我吃得還
> 很少，不注意滋味、口味。生活裏無論哪一方面，都是平平
> 淡淡最好。[27]

二十世紀初，在西方思想文化的影響下，中國出現了現代意義的知
識分子這一新的身分，有別於傳統的士大夫或儒者。然而，梁漱溟
雖然二十多歲即在學界享有盛名，但自始至終，他並不屬於所謂的
「知識分子」，而更接近於傳統意義下的儒者及佛法修行者。但就
這一點而言，梁漱溟其實較諸眾多知識分子更為特立獨行，更顯難
能可貴。

26　梁漱溟口述，艾愷採訪：《這個世界會好嗎？》，頁 29-30。
27　同前註，頁 310。

三、梁漱溟對現代印度人物的評價

上一節討論梁漱溟與佛教。事實上，除了對緣自印度的佛教抱持終身興趣之外，梁漱溟對於其所處時代的印度人物亦頗有關注，而這部分是學界所未曾注意的。在這一點上，可從梁漱溟的書信、讀書錄當中探尋一二。

二十世紀上半，中國知識界對於印度文化的瞭解，除了佛教之外，當屬泰戈爾（Tagore）與甘地（Gandhi）兩位人物。泰戈爾是印度著名詩人，是第一位獲得諾貝爾文學獎的亞洲人，其作品於二十世紀初即被介紹入中國，且於 1924 年訪問中國，對徐志摩等文人頗有影響。甘地以非暴力主義、不合作運動，領導印度獨立運動，成功脫離英國的殖民統治，建立了現代意義的印度這一國家，他不僅是政治人物，且在政治生涯中履行其宗教精神與修持，深受印度人民乃至世人的景仰。[28]我們想知道，泰戈爾訪華，梁漱溟是否曾與之會面？梁漱溟對於甘地有何評價？這是此處所要討論的。

其實，梁漱溟早在 1921 年出版的《東西文化及其哲學》書中，即提過泰戈爾。梁漱溟指出，泰戈爾非常受到西洋人的歡迎崇拜，他的妙處不在於理智的哲學而是以直覺的文學來感動西洋人，「覺得世界真是好的，滿宇宙高尚、優美、溫和的空氣」，剛好可說是針對西洋人的「宇宙和人生斷裂隔閡、矛盾衝突、無情無趣、疲殆垂絕」的病症而下的藥，但這一路子其實並「不是印度人從來所有的，不是西洋人從來所有的；雖其形迹上與中國哲學無關聯，

---

[28]　參見甘地（M.K. Gandhi）著，德賽（Mahadev Desai）英譯，杜危、吳耀宗合譯：《甘地自傳：我體驗真理的故事》（*An Autobiography or the Story of My Experiments with Truth*）（北京：商務印書館，1959 年）。

然而我們卻要說他是屬於中國的，是隸屬於孔家路子之下的。」[29]

　　泰戈爾是應梁啟超等人所主持的北京講學社之邀，於 1924 年 4 月 12 日抵達上海，直到 5 月 29 日前往日本東京。在華的一個半月之中，泰戈爾曾訪問杭州、漢口、北京等地，舉行多場講演會，講演時多由徐志摩、林徽因擔任翻譯。5 月 8 日，因適逢泰戈爾 64 歲誕辰，梁啟超、胡適等人發起祝壽會，並在會上演出泰戈爾的戲劇〈齊德拉〉，劇中由林徽因扮演公主，張歆海扮演王子，徐志摩扮演愛神，以英語演出，轟動一時。[30]

　　至於梁漱溟與泰戈爾會面一事，綜觀梁漱溟全集，有一處提及與泰戈爾（即太戈爾）會面之事。此文〈道德為人生藝術〉，出自《朝話》，為 1932 年至 1935 年之間梁漱溟在朝會上講的話。[31]梁

29　梁漱溟：《東西文化及其哲學》（臺北：臺灣商務印書館，2002 年），頁 234。

30　其實，泰戈爾訪華，並非一面倒地獲得歡迎。在以梁啟超、徐志摩等人為主的歡迎對伍中，持批評立場的則有如左派文人郭沫若、左派學者陳獨秀等。他們的觀點，主要是站在當時中國社會應全力西化、現代化，在物質文明上趕上西方，而不是如泰戈爾那般，在還未現代化之前，便反對西方的物質文明。參見郭沫若：〈太戈爾來華的我見〉，收入孫宜學編：《泰戈爾與中國》（石家庄：河北人民出版社，2001 年），頁 224-231；以及陳獨秀：〈我們為什麼歡迎泰谷爾？〉（同前，頁 231）、〈太戈爾與東方文化〉（同前，頁 241-243）、〈評太戈爾在杭州、上海的演說〉（同前，頁 249-253）。

31　〈道德為人生藝術〉，頁 87-90。此文錄自《朝話》，頁 35-140，1940，商務印書館。梁漱溟：《梁漱溟全集》（第二卷）。梁漱溟歷來辦學，大都率領學生作朝會，幾年下來，朝會不下幾百次，但並非所有講話都為同學們所記錄。1935 年陸續清出一部分，發表於《鄉村建設》半月刊，但其內容並未經由梁漱溟親自校正。1937 年，首次由山東鄒平鄉村書店出版。1939 年經點改與增刪後，又交重慶鄉村書店印行增訂版。參見《朝

漱溟說：

> 在民國十三年，太戈爾先生到中國來，許多朋友要我與他談
> 話，我本也有話想同他談，但因訪他的人太多，所以未去。
> 待他將離北平時，徐志摩先生約我去談，並為我們作翻譯。
> 到那裡，正值太戈爾與楊丙辰先生談宗教問題。楊先生以儒
> 家為宗教，而太戈爾則說不是的。當時徐先生指著我說：梁
> 先生是孔子之徒。太戈爾說：我早知道了，很願意聽梁先生
> 談談儒家道理。我本無準備，只就他們的話而有所辯明。太
> 戈爾為什麼不認儒家是宗教呢？他以為宗教是在人類生命的
> 深處有其根據的，所以能夠影響人。尤其是偉大的宗教，其
> 根於人類生命者愈深不可拔，其影響更大，空間上傳播得很
> 廣，時間上亦傳得很久遠，不會被推倒。然而他看儒家似不
> 是這樣。彷彿孔子在人倫的方面和人生的各項事情上，講究
> 得很妥當周到，如父應慈，子應孝，朋友應有信義，以及居
> 處恭，執事敬，與人忠等等，好像一部法典，規定得很完
> 全。這些規定，自然都很妥當，都四平八穩的；可是不免離
> 生命就遠了。

又說：

> 我當時答他說：孔子不是宗教是對的；但孔子的道理卻不盡

話》題記，頁 35-140，1940，商務印書館，後收入梁漱溟：《梁漱溟全
集》（第二卷）。

在倫理綱常中。倫理綱常是社會一面。《論語》上說：「吾十有五而志於學，三十而立，四十而不惑，五十而知天命，六十而耳順，七十而從心所欲不逾矩。」所有這一層一層的內容，我們雖不十分明白，但可以看出他是說的自己生活，並未說到社會。又如《論語》上孔子稱贊其門弟子顏回的兩點：「不遷怒，不二過。」，也都是說其個人本身的事情，未曾說到外面。……為何單從倫理綱常那外面粗的地方來看孔子呢？這是第一點。還有第二點，孔子不一定要四平八穩，得乎其中。你看孔子說：「不得中行而與之，必也狂狷乎！」狂者志氣很大，很豪放，不顧外面；狷者狷介，有所不為，對裏面很認真；好像各趨向一偏，一個左傾，一個右傾，兩者相反，都不妥當。然而孔子卻認為可以要得，因為中庸不可能，則還是這個好。其所以可取處，即在各自其生命真處發出來，沒有什麼敷衍牽就。反之，孔子所最不高興的是鄉愿……他沒有他自己生命的真力量，而在社會上四面八方卻都應付得很好……狂狷雖偏，偏雖不好，然而真的就好。──這就是孔孟學派的真精神真態度，這與太戈爾所想像的儒家相差多遠啊！太戈爾聽我說過之後，很高興的說：「我長這麼大沒有聽人說過儒家這道理；現在聽梁先生的話，心裏才明白。」[32]

以上可見，梁漱溟是在徐志摩的引介下，與泰戈爾見面，並由徐志摩擔任兩人之間的翻譯。梁漱溟與泰戈爾談話中，論及儒家是否為

---

[32]　梁漱溟：《東西文化及其哲學》，頁88-89。

宗教的問題，泰戈爾認為儒家並非宗教，而只是講究倫理道德。對此，梁漱溟表示，孔子之學雖不是宗教，但孔子的道理卻不盡在倫理綱常中；倫理綱常是社會的一面，而孔子之學更有其內在生命的一面，甚至推崇狂狷之士，講究的是真性情，生命的真力量。據梁漱溟描述，泰戈爾聽後十分高興。[33]

另外，泰戈爾訪華時，還帶著一項農村建設計劃，希望將他在印度農村藉由指導英國青年恩厚之所進行的建設工作，在中國加以實行。泰戈爾在華期間，曾經前往山西太原，會晤督軍閻錫山，並取得閻錫山的贊同，準備加以進行。但是，泰戈爾想在中國複製其農村建設工作的構想，當時獲悉詳情的只有徐志摩、張彭春、瞿菊農等少數人。[34]很巧的是，1931 年梁漱溟到山東鄒平，創辦鄉村建設研究院，山東省政府劃出荷澤縣為鄉村建設試驗區，並出版了《鄉村建設大意》、《鄉村建設理論》等書，主張在農村建立「政教合一」的鄉農學校。我們不能說，梁漱溟的鄉村建設，與泰戈爾的農村建設計劃，彼此有聯繫之處，且梁漱溟曾說：「鄉村建設四個大字，以前從來沒有見人用過，也沒有聽人說過，這是從民國二十年本院（山東鄉村建設研究院）成立時，才標出來的。」[35]不過，在泰戈爾和梁漱溟二人的共通之處，乃是皆有著拯救世人的苦心。

至於甘地，據梁漱溟兒子梁培寬與梁培恕二人所輯錄整理的

33　綜觀梁漱溟著作，有關與泰戈爾見面的資料僅只一條，彌足珍貴。其實，梁漱溟素不喜文學，對於泰戈爾詩歌作品及其訪華並無太多關注，也是可以理解的。

34　梁錫華著：《徐志摩新傳》（臺北：聯經出版公司，1979 年），頁 97。

35　梁漱溟：〈鄉村建設大意〉，《梁漱溟全集》第一卷，頁 602。

《人生至理的追尋——國學宗師讀書心得》，亦即梁漱溟讀書錄《勉仁齋讀書錄》增補修訂版，在此書前言中寫道：

> 《甘地自傳》他早年讀過，晚年又重讀，並找了幾本論及甘地的著作來閱讀，做出筆記與摘錄多篇，共約有兩萬字。從這些筆記中可以看出，他最為關注的乃在甘地的為人和他的人生體驗。[36]

其實，1944 年梁漱溟在〈寄寬兒〉信中，曾對兒子提起甘地，他說：「甘地說話，除他已造成之信仰有力量外，其最大的力量在他眼神和全部身態神情上。」[37]可見，梁漱溟對甘地的言行一致頗為推崇。事實上，梁漱溟本人亦何嘗不是如此。

　　《人生至理的追尋——國學宗師讀書心得》一書中，與甘地有關的書錄共五篇。其中，梁漱溟寫道：

> 我先後閱讀有關聖雄甘地（印度人如此稱呼）事跡的書，不止此數，但閱後多未加摘記，其有所摘記而存留至今者止於下列三書耳：
> 一、《印度的發現》（尼赫魯著，齊文譯，世界知識出版社，1956 年）；
> 二、《尼赫魯自傳》（張寶芳譯，世界知識出版社，1956年；胡仲持等譯，上海青年協會書局，1948 年）；

36　梁漱溟：〈前言〉，《人生至理的追尋——國學宗師讀書心得》（北京：當代中國出版社，2008 年），頁 3。
37　梁漱溟：〈寄寬兒〉，《梁漱溟全集》（第八卷），頁 368。

三、《甘地自傳》（吳耀宗等譯，商務印書館，1959 年）
今但就往年所摘記者，寫此讀書錄，以誌我對甘地為人的一
些體會認識。[38]

綜觀梁漱溟對此三書所作摘錄，不外乎兩方面。第一方面，是對甘
地其人的描述與評價，這部分或是摘錄自甘地自述，或出自印度獨
立後第一任總理尼赫魯（Nehru）對甘地的描述。第二方面，是對
甘地所領導的印度獨立運動，予以摘錄並評論。梁漱溟對甘地極為
推崇，評論說：

> ……古宗教精神在他是自己逐漸尋得，一步一步深入其中
> 的。這種尋得而深入的過程，全在其人生實踐。身體力行是
> 其根本，頭腦思想非其所先。因此，他不是一個思想家（哲
> 學家）乃至亦不是一個宗教家，雖然他的一言一動，自頂而
> 踵充滿了宗教精神。不過我認為任何一個宗教家應當在實踐
> 上向他學習，任何一個哲學家需要從他這裏討取宇宙人生的
> 認識。[39]

又說：

> 在人格上，甘地和普通人全然不是一路。甘地一言一動發自
> 內心，而其內心實通乎廣大宇宙。……他沒有計算心，只有

38　梁漱溟：《人生至理的追尋——國學宗師讀書心得》，頁 23。
39　同前註，頁 23。

感應知覺……然而普通人卻總是在計算著行事，不是嗎？
——普通人總是在分別目的與手段，其結果往往是一切都手
段化了。甘地相反，心志精誠，渾全不二，處處都是目的。
試看《甘地自傳》中如下的話：
……我這裡用宗教一詞，意即自我實現，或自知之明。
……我早就學會了使自己順從心內的聲音。我樂於順從這種
聲音，如果背著它行事，是困難和痛苦的。[40]

以上可見，梁漱溟摘引甘地之語，似不只是自我勉勵，甚至可說有
種共鳴之意。梁漱溟所特有的自覺、真誠之特質，與甘地頗有相通
之處，在二十世紀中國學人之中，罕見其匹。另外，他且有多處摘
錄追隨甘地的尼赫魯在其《印度的發現》一書中對甘地的描述：

> 甘地總是在象徵著毫不妥協的真理……不同的人對於真理可
> 能有，也確有不同的理解，因每個人總被自己的背景、教養
> 和感情所影響著。甘地當然也不例外。但真理對於一個人來
> 說，至少是他自己覺得到而認為是真實的東西。按照這個定
> 義，我不知道還有任何人能像甘地那樣堅持真理的了。（原
> 書473頁）[41]

又如：

40　同前註，頁28。
41　同前註，頁43。

> 據說……印度人的思想習慣是清靜無為……但是甘地這位典
> 型的印度人卻代表著清靜無為的正相反一面。他是一位精力
> 絕倫和行動超群的天才人物，活躍者。……在向印度人民的
> 無為主義做鬥爭和改變它的工作中，他比我所知道的任何人
> 所做的工作都要多。（477 頁）[42]

在梁漱溟看來，尼赫魯雖追隨甘地，同為政治領袖，但兩人氣質其
實大為不同。梁漱溟寫道：「尼赫魯隨從甘地而為運動中一大領
袖，似並未阿其所好。因為尼本人是現代人，而甘地則毋寧是一個
古代人物；在尼赫魯口中屢次表現其對甘地不了解和不滿。」[43]儘
管如此，梁漱溟對印度獨立運動的了解，多透過尼赫魯《印度的發
現》一書，如梁漱溟所摘錄的：

> 在英國統治下的印度人主要心情就是恐懼，是一種普遍滲透
> 使人窒息的絞勒一般的恐懼。怕警察，怕軍隊，又怕廣布的
> 特務……正是為了針對著這彌漫一切的恐懼，甘地沉靜而堅
> 定的口號響起了：不要怕！……於是人們肩頭上一層恐懼的
> 黑幕就這樣突然間揭掉了。當然還未整個被揭掉，但已達於
> 驚人的程度。（473 頁）[44]

早在十八世紀末葉，英國的東印度公司已經對印度採取壓榨手段，
1858 年英國宣佈對印度擁有統治權，印度即由英國任命的總督統

---

[42]　同前註，頁 46。
[43]　同前註，頁 27。
[44]　同前註，頁 25。

治。1913 年，44 歲的甘地，第一次開始絕食，展開了他長期的「不合作運動」，逐漸獲得印度廣大民眾的響應。1930 年，甘地發表獨立誓言，並提出了十一項條件，要國民放棄權利，不盡義務，以非暴力的手段，癱瘓殖民政府，例如像爭取廢止食鹽公賣，准許人民自由生產運銷。1930 年，號召兩千名志願隊員，前往孟買附近的鹽倉抗議，志願隊員赤手空拳走向鹽倉，任由警員猛烈擊打，流血倒下，絲毫不還手，而第二批、第三批隊員繼續前進，打不還手，繼續倒下。此種非暴力的抗爭，經由新聞報導傳遍世界，引發印度各地民眾紛紛響應，甘地最終以「不合作運動」領導印度人民，在第二次世界大戰之後，取得印度獨立的成果。[45]梁漱溟對於甘地領導的非暴力運動，非常讚賞。他寫道：

> 甘地所以被群眾號為聖雄者，有千千萬萬的廣大群眾感動於他的倡議而興起，隨同他一道反英，風動全國，震驚一世也。其特色，在英國對殖民地武力統治之下卻絕對不用暴力反抗；雖遭殘暴鎮壓，再仆再起，夷然毅然不畏怯，不回報，正如甘地所說的是一種「非暴力主義」、「（對英）不合作運動」。這臨到現實場面，其精神是何等地可歌可泣！在英人二百年長期統治下，曾經多次武裝暴動所不能解脫的枷鎖，卒以此代表正義覺悟的群眾奮起運動，使得英國人最後乃不得不從印度徹退了。這實是世界史上無前例的，恐怕亦是今後難得再看到的奇人奇事吧！（奇人非止甘地，而是

45　參見吳俊才：《印度史》第七章〈甘地與印度獨立革命運動〉（臺北：三民書局，2010 年）。

概括印度人民。）[46]

又寫道：

> 要知道當時印度人民對於英國人強暴統治的抵抗運動，在國
> 大黨領導下從來不外兩條路：開會討論，通過決議，呼籲等
> 等；再就是憤怒的恐怖活動、破壞運動。甘地出來領導之
> 後，特別譴責了後一條路，而開出新的第三條路——非暴力
> 主義的不合作運動。這裏出現了人們堅持真理（正義）的意
> 志，甘心忍受由此而來的痛苦和災難。[47]

梁漱溟曾抄錄《甘地自傳》一段話：

> 要和普通無所不在的真理精神面對面地相見，（中略）便不
> 能對生活的任何方面取超然態度。這就是我追求真理而不得
> 不投身政治運動的緣故。凡以為宗教與政治無關者，都不懂
> 宗教的意義。[48]

梁漱溟一生，參與鄉村建設、辦學以及奔走於政治調解工作，如抗
日戰爭期間以國民參政員身分訪問延安，與毛澤東商談，希望調解
國共之間的矛盾。這一方面是否受到甘地啟發，或是在甘地身上看
到自身影子，我們不得而知。但此中說到「凡以為宗教與政治無關

46　梁漱溟：《人生至理的追尋——國學宗師讀書心得》，頁 23-24。
47　同前註，頁 26。
48　同前註，頁 29。

者，都不懂宗教的意義」，應當可以讓我們更加體會梁漱溟的內心世界。[49]

1980 年，艾愷訪問梁漱溟，問及是否曾想訪問印度？梁漱溟答稱：「我去印度的念頭不多。印度有一個中國人，有個中國人在印度很久，叫譚雲山，他本來來過中國，跟我相約，可後來也就斷了，就沒有聯繫了。譚雲山他還是在泰戈爾那個學院裡頭。」[50]譚雲山是二十世紀中印文化交流史上的重要人物，年輕時曾追隨毛澤東，想參加革命，後來到新加坡辦報時，有機緣得遇泰戈爾，深受啟發，並因此接受泰戈爾邀約，前往泰戈爾創辦的國際大學教授中文，自此長居印度。[51]

以上是梁漱溟與現代印度人物的來往及評價。

四、結論

梁漱溟年輕時有段趣事，鮮少為人所提及。他說：

> 我在民國十八年夏間借住在北平西郊清華大學西院寫我的
> 《中國民族之前途》一書。一天晚飯後出來散步，日落黃
> 昏，暑氣漸退，園內景色正好。清華同學，男男女女，三三

49　梁漱溟對於甘地，雖稱譽有加，但並非完全認同其理念及做法。譬如，梁
漱溟認為甘地對社會主義不夠嚮往，對近代工業文明也過於反對。不過，
這其實也反映出梁漱溟自身的政治觀點。同前註，頁 30-31。

50　梁漱溟口述，艾愷採訪：《這個世界會好嗎？》，頁 55。

51　筆者曾於新加坡報業中心演講廳，聆聽譚中夫婦演講。譚中即譚雲山之
子。有關譚雲山生平，即根據譚中所言。

兩兩，亦都在散步。天色暗了，正尋歸路，將到家門，耳聽得前面並肩走的三個學生在說話。一個指著我的屋門說道：「這是一個開倒車的先生」，另一個說：「他開到哪裡去呢？」這個又說：「大概是開到印度吧！」說罷三人大笑。我聽到亦不覺失聲笑出來。……「開倒車」，是一向有人這樣看我的。但誰是前開，誰是倒開，怕也難講。我自己有我的自信，對此從來一笑置之。不過我何以招致人家這樣看法呢？從外面形跡上說，因為我推崇中國文化和印度文化。而說到這些東方的文化必然述古；說到西方文化，必以新出者為貴。所以也就等於一古一今了。[52]

梁漱溟終其一生，以中國和印度的思想文化為立論根本，也是他立身處世的思想根源。[53]到了晚年，對佛教的情感一直一樣，不曾有所改變，自認是佛教徒，但就社會上多數人來看，如果把他當作是儒家之徒，他也願意接受。[54]

　　自古以來，道德、文章即是兩回事。其人與其學，未必完全符合，特別是自二十世紀初直至今日，更是如此。研究者與其研究對象之間，呈現出主、客二元對立的現象，意即研究者未必相信、認

---

[52] 〈開場的話〉，此文錄自《光明報》（香港），1941.9.18，收入梁漱溟：《梁漱溟全集》（第六卷），頁118。

[53] 梁漱溟曾在寫給艾愷的信中說道：「兄不必專以我為研究對象，而應擴大之，研究中國的文化和學問，特別注意佛教。研究了中國和印度的文化和思想學問正是追究到我思想言論的根本，可以更好地明白我。」〈致艾愷〉，收入梁漱溟：《梁漱溟全集》（第八卷），頁293。

[54] 吳俊才：《印度史》，頁312。

同其所研究的學問。然而，梁漱溟是個例外，在他身上體現出言行之合一，自省之真誠，尤令人感動。[55]梁漱溟以寬容待人，甚至於以「寬」、「恕」二字為兩個兒子命名，即梁培寬與梁培恕。梁漱溟曾說：

> 我的懺悔、自新，不是從宗教來，可以說完全是從對人類生命有了解，對人類生命有同情這個地方來的。……就是了解人類生命當真是可悲憫的。……我之所謂可悲憫，就是不由他自主。……因為我對人類生命有了解，覺得實在可悲憫，可同情，所以對人的過錯，口裏雖然責備，而心裏責備的意思很少。他所犯的毛病，我也容易有。平心說，我也是個倖而免。[56]

這「倖而免」三個字，充分流露他對自我之省察與待人之寬容。以筆者之見，二十世紀中國學人當中，最當得起真誠二字者，莫過於梁漱溟。

　　總計梁漱溟一生，多次出入儒佛之教，對儒學與佛家，都有著相應的瞭解與實踐，如果一定要指出他最後依歸的宗旨，安身立命

---

[55]　如梁漱溟曾說：「我在二十歲的時候，曾有兩度的自殺，那都可以表現出我內心的矛盾衝突來。就是自己要強的心太高，看不起人家，亦很容易討厭自己；此原故是一面要強，一面自己的毛病又很多，所以『悔恨』的意思就重，使自己要給自己打架；自己打架，打到糊塗得真是受不了的時候，他就要自殺。」〈懺悔──自新〉，此文錄自《朝話》，商務印書館，1940，收入梁漱溟，《梁漱溟全集》（第二卷），頁42。

[56]　同前註，頁42-43。

的重心，也確實不易。從前文所引述的資料來看，梁漱溟屢次說
道：「說我是儒家，是孔子之徒也可以，說我是釋迦之徒也可以，
因為這個沒有衝突，沒有相反」，又說道：「儒佛雖不同，但可相
通」，「兩家為說不同，然其所說內容為自己生命上一種修養的學
問則一」。從這些他晚年所說的話中去印證，如果說，人們仍然隨
著艾愷的書名，說梁漱溟是「最後的儒家」，那也自然是對於梁漱
溟個人以誠持身，修己實踐的讚美之辭。但如果由此而認定梁漱溟
晚年在內心世界裏，就一意歸宗儒家，並因此而絕對放棄了佛家的
工夫，恐怕也不是事實的真相。

引用書目

艾愷（Alitto, Guy）著，王宗昱、冀建中譯：《最後的儒家：梁漱溟與中國現代化的兩難》（*The Last Confucian: Liang Shu-ming and the Chinese Dilemma of Modernity*），南京：江蘇人民出版社，1996 年。

王宗昱：〈梁漱溟的佛教修行〉，《鵝湖月刊》第 29 卷第 6 期（2003 年 12 月），總號第 342，頁 30-34。

陳來：〈梁漱溟與習靜之功〉，《鵝湖月刊》第 34 卷第 11 期（2009 年 5 月），總號 407，頁 7-20。

甘地（Gandhi, M.K.）著，德賽（Desai, Mahadev）英譯，杜危、吳耀宗合譯：《甘地自傳：我體驗真理的故事》（*An Autobiography or the Story of My Experiments with Truth*），北京：商務印書館，1959 年。

吳俊才：《印度史》，臺北：三民書局，2010 年。

孫宜學編：《泰戈爾與中國》，石家庄：河北人民出版社，2001 年。

梁漱溟：〈日記〉，《梁漱溟全集》（第八卷），濟南：山東人民出版社，1993 年。

———：〈生平述略〉，《我生有涯願無盡——梁漱溟自述文錄》，北京：中國人民大學出版社，2004 年。

———：〈如何成為今天的我〉，《我生有涯願無盡——梁漱溟自述文錄》，北京：中國人民大學出版社，2004 年。

———：〈自述〉，《我生有涯願無盡——梁漱溟自述文錄》，北京：中國人民大學出版社，2004 年。

———：〈自述早年思想之再轉再變〉，《梁漱溟全集》（第七卷），濟南：山東人民出版社，1993 年。

———：〈自傳〉，《梁漱溟學術精華錄》，《梁漱溟全集》（第六卷），濟南：山東人民出版社，1993 年。

———：〈我的自學小史〉，《我生有涯願無盡——梁漱溟自述文錄》，北京：中國人民大學出版社，2004 年。

———：《東方學術概論》，《梁漱溟全集》（第七卷），濟南：山東人民

出版社，1993 年。

———：《東西文化及其哲學》，臺北：臺灣商務印書館，2002 年。

———：〈前言〉，《人生至理的追尋——國學宗師讀書心得》，北京：當代中國出版社，2008 年。

———：〈致田慕周〉，《梁漱溟全集》（第八卷），濟南：山東人民出版社，1993 年。

———：〈致艾愷〉，收入梁漱溟：《梁漱溟全集》（第八卷），濟南：山東人民出版社，1993 年。

———：〈致言申夫〉，《梁漱溟全集》（第八卷），濟南：山東人民出版社，1993 年。

———：〈寄君大姪〉，《梁漱溟全集》（第八卷），濟南：山東人民出版社，1993 年。

———：〈寄寬兒〉，《梁漱溟全集》（第八卷），濟南：山東人民出版社，1993 年。

———：《梁漱溟學術精華錄》，《梁漱溟全集》（第六卷），濟南：山東人民出版社，1993 年。

———：〈鄉村建設大意〉，《梁漱溟全集》（第一卷），濟南：山東人民出版社，1994 年。

———：〈開場的話〉，《梁漱溟全集》（第六卷），濟南：山東人民出版社，1993 年。

———：《朝話》，《梁漱溟全集》（第二卷），濟南：山東人民出版社，1994 年。

———：〈道德為人生藝術〉，《朝話》，《梁漱溟全集》（第二卷），濟南：山東人民出版社，1994 年。

———：〈儒佛異同論〉，《東方學術概論》，《梁漱溟全集》（第七卷），濟南：山東人民出版社，1993 年。

———：〈懺悔——自新〉，《朝話》，《梁漱溟全集》（第二卷），濟南：山東人民出版社，1994 年。

梁漱溟口述，艾愷採訪：〈艾愷教授序〉，《這個世界會好嗎？》，臺北：五南圖書出版公司，2008 年。

梁漱溟口述，艾愷採訪：《這個世界會好嗎？》，臺北：五南圖書出版公
　　司，2008 年。

郭沫若：〈太戈爾來華的我見〉，收入孫宜學編《泰戈爾與中國》，石家
　　庄：河北人民出版社，2001 年。

陳獨秀：〈太戈爾與東方文化〉，收入孫宜學編《泰戈爾與中國》，石家
　　庄：河北人民出版社，2001 年。

───：〈我們為什麼歡迎泰谷爾？〉，收入孫宜學編《泰戈爾與中國》，
　　石家庄：河北人民出版社，2001 年。

───：〈評太戈爾在杭州、上海的演說〉收入孫宜學編《泰戈爾與中
　　國》，石家庄：河北人民出版社，2001 年。

梁錫華：《徐志摩新傳》，臺北：聯經出版公司，1979 年。

費許（Fishcher, Louis）著，許章真譯：《甘地傳》，臺北：遠景出版公司，
　　1985 年。

對「德先生」的反思
──從另一個視角解讀梁漱溟的鄉村建設思想

一、引言

　　「內聖外王」一詞，在現今流傳的先秦典籍中，首見於《莊子》，屬於道家者言，卻也是儒家的主要關懷。內以修己，外以治人、治世，在獨善其身之餘，力求兼善天下，是歷代儒者們所致力之處。以此之故，若只是從內心修養的理論與實踐這一角度來審視儒者，並不全面，而還須留意其事功面向。梁漱溟先生亦是如此。暫且不論成敗得失與後世評價為何，不可否認「事功」在梁漱溟一生中是佔有重要地位的，他的成就並不僅止於「道德」而已。

　　在北京大學校長蔡元培的邀請下，梁漱溟於 1917 年到北大任教。然而，梁漱溟說，「隨著在北大任教時間的推移，我日益不滿於學校只是講習一點知識技能的偏向」，而無古人講學之風。[1]梁漱溟回憶，自己在二十九歲那年，在濟南教育廳講「東西文化及其

1　梁漱溟：〈生平述略〉，《我生有涯願無盡：梁漱溟自述文錄》（北京：中國人民大學出版社，2011 年），頁 4。

哲學」，這個講題先前在北大亦曾講過，後來結集成書，於民國十年（1921）付印出版，《東西文化及其哲學》一書立刻讓梁漱溟聲名大噪。此書其中有一段講到「求友」，並在結論中提到「要復興古人講學之風，使講學與社會運動打成一片」；且從隔年起，開始有一些年輕朋友，聚集在梁漱溟身旁，一起相處，過團體生活，大家「以人生向上來共相策勵，每日只是讀書，講一講學問」，這才是梁漱溟理想中的教育方式。[2] 1924 年，梁漱溟辭去北大教職，將他的教育理念付諸實踐，先後籌辦曹州高中、曲阜大學，乃至後來的勉仁中學、勉仁書院等。[3]這期間，除辦學、講學之外，梁漱溟的社會實踐還有他所稱的「鄉村建設」。

梁漱溟的「鄉村建設」一詞，歷經幾次修改。最初是用「鄉治」一詞，如 1928 年梁漱溟在廣州時即稱「鄉治」。但當時在北方有人則是稱「村治」，如在河南設立的村治學院等。梁漱溟到山東後，認為「鄉治」和「村治」這兩個名詞都不夠通俗，便改為「鄉村建設」，他認為「這一個名詞，含意清楚，又有積極的意味，民國二十年春季即開始應用。」[4]梁漱溟早在 1928 年便提出鄉村建設相關主張，至於鄉村建設理論的成熟，大約是在 1930 年後的三年之間。[5]梁漱溟有關鄉村建設的思想，主要見於《鄉村建設

---

[2]　梁漱溟：〈朝會的來歷及其意義〉，《朝話》，《梁漱溟全集》（第二卷）（濟南：山東人民出版社，1994 年），頁 40。

[3]　按，曲阜大學後來並未辦成。

[4]　梁漱溟：《自述》，收入於《梁漱溟全集》（第二卷），頁 31。《自述》原為梁漱溟所作演講，於 1934 年 1 月 3 日至 6 日，分四次講完，講話紀錄曾收入《鄉村建設論文集》（1934 年）。

[5]　同前註，頁 29。

大意》與《鄉村建設理論》這兩本書,皆由山東鄒平鄉村書店所出版,前者出版於 1936 年,後者出版於 1937 年,二者後來收入於《梁漱溟全集》之中。

在當時社會上,許多人對於梁漱溟主動放棄第一學府教席,深感不解,為他感到可惜。梁漱溟回憶說:「社會上愛我的朋友,見我近年行事似在做一種社會運動或政治活動,多有疑訝我拋開學者生涯而別取途徑,擔心我將捲入濁流者。亦有認此種運動必無結果,勸我不如研究學問者。更有幾位有心人,認我往者從人生思想上指導社會,是根本重要的事業;乃若現在所用心的鄉治或村治之事則盡可有旁的人能作,而無須乎我來作;都勸我不要輕棄自己的責任。表示這類意思的信件我接得很多,其中盡有全未謀面的。至於當面見教、問我為什麼忽然改行的,更隨處都遇者。」[6]對此,梁漱溟曾經表示,愛護他的人不必感到可惜,因為自己從來就不是學者,不是「學問中人」而是「問題中人」,正如他說:「外間對於個人,往往有許多不同之猜測,以為我為一學問家、哲學家、國學家或其他專家,彷彿看我為學問中人;其實我並無學問。我省思再四,我自己認識我,我實在不是學問中人,我可算是『問題中人』。……我當初並無意於某一方面的學問,或者是哲學,或者是佛學,乃至於政治學、經濟學等等,而結果則都知道一點,其所以致此者,問題逼之使然也。當初我無意於社會中如何做那種事業,成就一種地位,而結果能做點事業,有點地位;其故無他,亦問題逼之使然也。」[7]這是梁漱溟極具個人風格的誠懇自省,這一風格

6　梁漱溟:〈主編本刊(《村治》)之自白〉,《散篇論述》,《梁漱溟全集》(第五卷),頁5。

7　梁漱溟:《自述》,頁3。

貫穿其一生。

在梁漱溟所關心的諸問題中，其實又可歸納為「人生問題」與「社會問題」兩大類。自少年起，這兩者便構成了梁漱溟的核心關懷。當他關注「人生問題」時，就要學佛，想要出家；而當他偏向於「社會問題」時，他在有所見解之餘，更化而為行動，從事於鄉村建設，誠如梁漱溟所言「我今日所提倡並實地從事之鄉村運動，即是我對於中國政治問題的一種煩悶而得來之最後答案或結論」。[8]梁漱溟不同於許多只會在書齋裏讀書治學的人，他不僅坐而言，更能起而行，從問題發而為思想，從思想落實於行動。[9]若能理解梁漱溟這一特質，就能體會他從大都市大學講堂走向鄉村從事建設的心志；正如他說：「凡是能從性情脾氣上了解我的人，就可知道我今日之社會運動正是『題中應有之義』。」[10]

1934 年 1 月 3 日到 6 日，梁漱溟在演講時，誠懇反省自己過去，提出有四個「不料」。第一個「不料」，是不料被視為學問家，他說自己只有中學畢業，「所受的教育，如此淺薄，講學問的工具，如此不夠用。」[11]他的一些思考主張，不過是「不知不覺摸索得來，當初自己並未能料到，乃是誤打誤撞而來，自己實未嘗想到學問究竟何事也。」[12]第二個「不料」，是「小時候未嘗讀四書

8　同前註，頁 15。

9　如梁漱溟說：「我本來無學問，只是有思想；而思想之來，實來自我的問題，來自我的認真。……當初我的思想是從實在的問題中來，結果必回歸於實在的行動中去。」見同註 4，頁 9。

10　同註 6，頁 7。

11　梁漱溟：《自述》，頁 4。

12　同前註，頁 5。

五經，而後來乃變為一個擁戴儒家思想贊揚孔子的人」，並說自己「對於中國重要古籍，不過僅如看閒書、看普通雜誌般的瀏覽過。我須引徵古書時，必須翻檢原文，而且常常不能尋找得到。擁護儒家闡發孔子思想乃偏偏出於我這樣一個人，實所不料也。」[13]第三個「不料」，是「自己生長於北京而且好幾代皆生活於北京，完全為一都市中人，未嘗過鄉村生活，而今日乃從事於鄉村工作，倡導鄉村建設運動。以一個非鄉村人而來幹鄉村工作，真是當初所不自料的事！」[14]第四個「不料」，則是「不自料鄉村建設運動民眾教育或說是社會教育為一回事」，主張鄉村建設其實就是社會教育。[15]

　　自 1927 年 34 歲至 1937 年 44 歲的十年之間，梁漱溟將其青壯歲月投入於鄉村建設運動。這部分，在現今偏向於哲學詮釋進路的新儒學研究視野中，相當不容易予以定位，或認為是缺乏形上學意趣而有所忽略。但不得不承認，我們想要探究梁漱溟其人其學，鄉村建設乃是不可跳過的一個議題。那麼，我們該如何看待梁漱溟的鄉村建設？梁漱溟的鄉村建設有何思想上的意涵？本文認為，梁漱溟推動鄉村建設，並不只是為了解決鄉村問題而已，而是有著更宏大的對政治、社會的思考於其中。[16]誠如梁漱溟說自己「不是生長鄉村，鄉村自救之意，在我身上不會親切，而是對於這個社會的組

13　同前註，頁 16。

14　同前註，頁 31。

15　同前註，頁 31-32。

16　郭齊勇、龔建平兩位先生亦有類似觀點：「將鄉村建設的具體方法與舉措還原到其文化理論問題上來，重新審視其文化哲學，才是真正有意義的。」見郭齊勇、龔建平：《梁漱溟哲學思想》（北京：北京大學出版社，2011 年），頁 161。

織構造問題在我心目中以為頂大」，因此所謂「鄉村建設，實非建設鄉村，而意在整個中國社會之建設」[17]，「乃是解決中國的整個問題，非是僅止於鄉村問題而已。」[18]至於梁漱溟為何選擇鄉村而非都市來進行建設，則理由大致有二：其一，中國百分之八十的人口都住鄉村；其二，由於學習西方，導致鄉村受到明著暗著直接間接地破壞。[19]

　　民國初期，以陳獨秀、胡適等人為代表所發起的新文化運動，提倡民主與科學，當時有所謂「德先生」與「賽先生」，前者指的是民主 Democracy，後者指的是科學 Science。本文主要將論述，梁漱溟的鄉村建設思想，是對近現代西方文明發展的省思，是對民國建立以來引進西方式民主制度的反思，並且將他對德謨克拉西「德先生」的反思落實於行動。這是本文解讀梁漱溟鄉村建設所採取的視角。[20]

---

[17]　梁漱溟：《鄉村建設理論》，《梁漱溟全集》（第二卷），頁 161。

[18]　梁漱溟：《自述》，頁 31。

[19]　梁漱溟：《鄉村建設大意》，《梁漱溟全集》（第一卷），頁 608-609。

[20]　在現今對梁漱溟鄉村建設的研究中，大多僅是就其鄉村建設本身來分析，而未見有探討梁漱溟從事鄉村建設之立意所在，乃有著對民主政治的關懷於其中。在對梁漱溟的相關研究中，顧紅亮《儒家生活世界》一書是較具新意者。此書借用西方哲學家胡塞爾（Edmund Husserl）的「生活世界」概念，提出「儒家生活世界」概念，專門對梁漱溟思想進行討論，主張「儒家生活世界」由禮俗儒學、政治儒學和心性儒學三個面相所構成。不過，顧紅亮對於梁漱溟鄉村建設，主要是從「禮俗儒學」的角度來探討。延用顧紅亮三個面向的說法，本文固不否認梁漱溟鄉村建設中有著「禮俗儒學」之面向，但本文則更進一步主張，鄉村建設本身其實亦且是梁漱溟建構「政治儒學」的嘗試。參見顧紅亮：《儒家生活世界》（上海：上海人民出版社，2008 年），頁 34-35、頁 47-49。

以下，首先敘述梁漱溟的社會關懷，其次論述他對西方式民主政治的檢討，再則闡述他所嘗試推行的儒家式民主政治，其具體落實就是鄉村建設。

二、變動時局中的社會關懷

梁漱溟的社會關懷，可以從三個方面來觀察其產生的背景。

（一）家庭的影響

梁漱溟生長在北京城內清朝官員之家，父親梁濟重視事功，在晚清變局中立場傾向於維新。[21]梁漱溟自幼在寬鬆的家庭氣氛中成長，接受的是新式教育，這在同輩來說是不多見的。在父親關心國事的影響下，梁漱溟從中學時候開始留心時政，最喜愛閱讀由梁啟超主辦的《新民叢報》、《國風報》等政論性質的雜誌，並養成每日讀報的習慣，「每日不看報，則無異於未曾吃飯飲水」，這些皆是「留心時事與關切社會問題的表現」。[22]

梁漱溟早先傾向於維新變法，後來轉向支持革命。[23]民國成

---

[21] 梁濟早些是清朝內閣中書，後晉升為候補侍讀，主要工作是抄錄皇室檔案。梁漱溟：〈生平述略〉，頁 3。

[22] 梁漱溟：《自述》，頁 15。

[23] 如梁漱溟說：「我在清末時為一立憲論者，其後又轉變為革命論者。當我所以贊成立憲論時，實鑑於美國、法國的制度不若英國的制度。當時我對於中國問題之見解，認為最關緊要的是政治改造問題而不是對滿洲人報仇問題。……迨至清廷對於立憲無誠意時，大勢所迫，不得不轉而革命。」梁漱溟：《自述》，頁 19。

立，梁漱溟十八歲，常去旁聽國會開會。[24]二十歲時，梁漱溟偶然讀到張繼翻譯的日本社會主義學者幸德秋水所著《社會主義之神髓》一書，非常傾心於社會主義，「當時曾有《社會主義粹言》一書之寫作，自己向人借來鋼板鋼筆，自己繕寫，自己印刷數十份，分送友好。」[25]可見，梁漱溟日後從事社會運動其來有自。

　　梁漱溟常與父親議論國事。梁濟在 1918 年 11 月 10 日投水自盡，有殉清及警示國人之用意。[26]這影響梁漱溟日後對於社會問題的不容放鬆，他回憶說：「先父離家時係在早晨，在他心意中早懷下自盡之念，惟家人不知耳。臨行前偶從報上一段國際新聞引起閒談，尚憶及他最後問我『世界會好嗎？』我答覆說：『我相信世界是一天一天往好裡去的。』他點頭說：『能好就好啊。』從此再沒見到先父。父子最末一次說話，還說的是社會問題。自從先父見背之日起，因他給我的印象太深，事實上不容許我放鬆社會問題，非替社會問題拼命到底不可。」[27]梁漱溟後來撰有〈思親記〉一文，提到父子之間常由於政治觀點不同產生爭吵，說：「公厭薄黨人，

24　梁漱溟：〈我的一段心事〉，收入《散篇論述》，《梁漱溟全集》（第五卷），頁 533。

25　梁漱溟：《自述》，頁 15-16。

26　梁濟在遺書中說道：「吾今竭誠致敬以告世人曰：梁濟之死，係殉清朝而死也。」又解釋說：「吾因身值清朝之末，故云殉清，其實非以清朝為本位，而以幼年所學為本位。吾國數千年先聖之詩禮綱常，吾家先祖先父先母之遺傳與教訓，幼年所聞以對於世道有責任為主義，此主義深印於吾腦中，即以此主義為本位，故不容不殉。」見梁濟著，黃曙輝編校：〈敬告世人書〉，《梁巨川遺書》（上海：華東師範大學出版社，2008 年），頁 51。

27　梁漱溟：《自述》，頁 17。

而溟故袒之。公痛嫉議員並疑其制度，而溟力護國會。語必致忤，諸類於是，不可枚舉。時局多事，倏忽日變，則亦日夕相爭；每致公不歡而罷。然意不解，則旋復理前語；理前語，則又相持。當午或為之廢之，入夜或致晏寢。即寢矣，或又就榻前語不休。其間詞氣暴慢，至於喧聲達戶外者有之；悖逆無人子禮。嗚呼！痛已！兒子之罪不可贖已！」[28]從中亦可見到，梁漱溟當時對於西方式的民主代議制是相當擁護的。

（二）新文化運動的衝擊

大約自 1917 年至 1921 年，影響甚深的新文化運動，以陳獨秀、胡適為代表，以北京大學為發源地，熱烈地展開。所謂「德先生」和「賽先生」，即民主與科學，受到民初新派知識分子所崇敬，並成為批判舊禮教、舊傳統的有力工具，譬如陳獨秀在其主編的《新青年》雜誌上，撰有〈本誌罪案之答辯書〉一文，以諷刺的筆法寫道：「本誌同人本來無罪，只因為擁護那德莫克拉西（Democracy）和賽因斯（Science）兩位先生，才犯了這幾條滔天的大罪。要擁護那德先生，便不得不反對孔教，禮法，貞節，舊倫理，舊政治。要擁護那賽先生，便不得不反對舊藝術，舊宗教。要擁護德先生又要擁護賽先生，便不得不反對國粹和舊文學。」[29]梁漱溟在 1917 年便到北大任教，身處於新文化運動的核心，在批判儒學的言論中，所感受到的衝擊必定是相當強烈的。事實上，梁漱溟《東西文化及其哲學》一書便是在這樣的激盪下所產生的。

---

[28] 同前註，頁 16。

[29] 陳獨秀：〈本誌罪案之答辯書〉，收入於袁偉時主編：《告別中世紀：五四文獻選粹與解讀》（廣州：廣東人民出版社，2004 年），頁 78。

梁漱溟後來回憶，說：

> 民國六年，我應北京大學校長蔡子民先生之邀入北大教書，
> 其時校內文科教授有陳獨秀、胡適之、李大釗、高一涵、陶
> 孟和諸先生。陳先生任文科學長。茲數先生即彼時所謂新青
> 年派，皆是崇尚西洋思想，反對東方文化的。我日夕與之相
> 處，無時不感覺壓迫之嚴重（我對於儒家思想之了解係先前
> 之事，而思想轉變由佛家而儒家則在此時之後也）。我應聘
> 之前，即與蔡陳兩先生說明，我此番到北大，實懷抱一種意
> 志一種願望，即是為孔子為釋迦說個明白，出一口氣（出氣
> 二字或不甚妥當）。……《新青年》雜誌之批評中國傳統文
> 化，非常鋒利，在他們不感覺到痛苦；彷彿認為各人講各人
> 的話，彼此實不相干；彷彿自己被敵人打傷一槍，猶視若無
> 事也。而我則十二分的感覺到壓迫之嚴重，問題之不可忽
> 略，非求出一解決的道路不可。在我未肯定我的答案以前我
> 一時可以緘默不言；但必是時時去找路子，探求答案，不稍
> 甘一如他人之漠不關心也。[30]

從以上引文可知，梁漱溟在與陳獨秀、胡適等這些「新青年派」同
事的相處之下，對於他們如此激昂地批判東方文化、中國文化，深
切感到痛苦與衝突，由此對於東西文化的問題，非要找出個答案來
不可。這其中緣由與梁漱溟本身性格有關，對於任何事情、任何問

---

[30]　梁漱溟：《自述》，頁 11-12。

題非常認真，不允許隨便忽悠過去。[31]

梁漱溟的認真，從另一件事情也可得見。1920 年蔡元培校長赴歐洲考察，臨行前同事們為他餞行。席間談話，多有認為蔡先生此行，必將有利於東西文化的溝通云云。這本是奉承客套之語，熟料梁漱溟竟現場提出質疑，說不知東方文化中有什麼可以介紹到西方去？如果在場諸先生不能確實說得出來，則這類講話沒多少意義與價值可言。[32]這種不隨流俗的認真，在思索東西文化是如此，在探索西方制度是否適合中國時亦是如此，從而有後來的對民主「德先生」的反思。

（三）對紛亂政局的憂心

清末民初以來，政治紛亂。南方雖為革命黨人所取得，北方仍在袁世凱控制下。1911 年十月辛亥革命成功，南方各省紛紛易幟，並選出孫中山為臨時大總統。隔年元旦，孫中山宣示就任，臨時政府在南京宣告正式成立。三月，南京臨時政府大總統孫中山頒布〈臨時約法〉，四月遞交辭呈，推舉袁世凱繼任。袁世凱於是成為臨時大總統，並將臨時政府定都於北京。民國雖然成立，然而政局並不平靜。晚清以來，革命志士為爭取共和所採取的暗殺手段，在民國成立後仍然不絕如縷，只是對象有所轉變，由滿清權貴、大臣，轉向共和國政府內的政敵。1913 年 3 月，一貫主張內閣制的宋教仁，時任國民黨代理理事長，在上海遭致暗殺。南方出現所謂

31　梁漱溟說：「凡是成為問題的，在我心目中從來不肯忽略過去。推究其故，還是不外我肯認真，不能不認真，不能不用心思，不能不加以考究，決不容許我自己欺瞞自己。」同前註，頁 12。

32　同前註，頁 12。

二次革命，諸多省市陸續宣佈獨立，戰事又起。1913 年 10 月，
〈大總統選舉法〉通過，袁世凱任大總統。袁世凱先是修改〈臨時
約法〉，繼而修改〈大總統選舉法〉，擴增大總統權力。1915 年
12 月 14 日，袁世凱稱帝，改國號為中華帝國。各省紛紛宣告獨
立，起兵討袁，號為護國戰爭。1916 年 3 月 23 日，袁世凱被迫取
消帝制，6 月病故，獨立各省又紛紛宣布取消獨立。[33]

北方在袁世凱亡故之後，軍閥割據，有皖系段祺瑞、奉系張作
霖、直系吳佩孚、曹錕、馮玉祥。1916 年 8 月，段祺瑞當選國務
院總理。1914 年 7 月，第一次世界大戰爆發，1917 年，馮國璋代
理大總統，對德奧兩國宣戰。1918 年 11 月，第一次世界大戰結
束，北洋政府作為戰勝國一方而歡慶。孰料，巴黎和會未能如民眾
心理預期，而是由西方列強決議將德國在山東權益移交日本。1919
年 5 月 4 日，爆發五四運動。1922 年 4 月，直奉戰爭暴發，曹錕
打敗張作霖，獨攬北洋政府大權。6 月，北方大總統徐世昌在曹錕
的逼迫下退位，黎元洪繼任。1923 年 6 月，曹錕又逼迫黎元洪下
臺，賄賂國會議員而當選大總統，於 10 月就任，直到隔年 10 月被
馮玉祥政變趕下臺。在南方廣東，1917 年 9 月，孫中山於廣州就
任海陸軍大元帥，在南方組成政府。當月，護法戰爭於湖南暴發，
南北對立局勢再現。孫中山於 1921 年 4 月被推選為非常大總統，
就任後通過北伐案。1924 年 11 月，孫中山發表北上宣言，表示將
北上與馮玉祥共商國事，但隔年 3 月便在北京去世。內戰之餘，外
國勢力也逐步深入。1925 年 5 月，上海租界日資工廠關閉，停發

---

[33]　參張玉法：《中國現代史》（臺北：臺灣東華書局，2001 年），頁 72-
136。

工資,勞資雙方協調時,日方開槍射擊勞方代表等人,引發工人罷工、學生抗議,英國巡捕開槍,十餘人死亡,此即「五卅慘案」。1926 年 1 月,在南方的國民政府決定興師北伐。7 月,國民革命軍在廣州舉行誓師典禮,蔣中正發表北伐宣言。隨後,逐步向北攻克。[34]

以上,即是從民國成立到 1927 年梁漱溟投入鄉村建設之間的政治發展概要。

梁漱溟關懷國事,對辛亥革命後十餘年間政局的變化感到憂心與失望,他是這樣說的:

> 民國成立以後,我以為政治改造之要求已屬達到,或可說已有希望,而事實上乃大不如此。反至一年遠似一年,一年不如一年,開始時還似有希望,而日後則越來越絕望。[35]

紛亂的政局,不僅引發梁漱溟的擔憂,也引發梁漱溟對政治制度的思考,正如他說:「我因從中國政治問題直接的刺激煩悶而注意到抽象的政治制度問題。」[36]審視這些年的政治發展,梁漱溟認為這「十幾年的擾亂不定,就是指示舊軌已經脫失,新軌的未立。」[37]梁漱溟檢討其中原因,有著不同於一般人的看法。民初政局,革命未能如初衷般建立民主共和政體,反而紛亂異常,史家多將罪名指向袁世凱,認為袁世凱不僅晚清之際辜負於光緒皇帝及康、梁諸

34　同前註,頁 144-208。

35　梁漱溟:《自述》,頁 19。

36　梁漱溟:《鄉村建設理論》,頁 161。

37　梁漱溟:〈主編本刊(《村治》)之自白〉,頁 10。

人，辛亥革命後又再辜負於孫中山，稱得上是罪魁禍首。然而，梁漱溟並不如此看，他表示：

> 當此時也，一般人類多責難彼時三數強有力者之破壞政治制度，如袁世凱之破壞約法以及其他軍閥之攘奪競爭；而在我則始終認為這不是某幾個人所能破壞的，我們僅責難少數人，實已蹈於錯誤之境地。……所以在當時一般人都責難袁世凱和其他軍閥有力者，而我則不然。[38]

眾所周知，梁漱溟自少年時期開始，即傾心於佛法，梁漱溟此番話即有著佛教「諸法因緣生」的意涵於其中。法不孤起，必仗緣生，任何現象的發生，都是有因有緣的，有近的因緣，亦有遠的因緣。梁漱溟因此說：「我們看任何事，不要只看中心點，須看四周圍，看背景、看環境；不能只看近處，還須看遠處；不能只看淺處，還須看深處；不能只看一時，還須得看過去所以如此的成因與由來。」[39]如此去觀照世間，便能產生智慧，從而瞭解任何人事物，不論多好或是多壞，皆是有其產生的背景；而若是將某人的成功、榮耀，完全歸功於其才德，或是將某人的敗績、惡行，完全歸咎於其頑劣根性，皆是未能照見其緣起。梁漱溟又說：

> 民國元年公布之臨時約法（即是或其他的新法令、新制度，如國會議員選舉法等），在彼時雖然訂成，雖然實行；但是

38　梁漱溟：《自述》，頁 19。
39　同前註，頁 19。

> 這一件東西，只不過投入吾們大社會中一個很小之因子而
> 已，只不過投入很有歷史很有舊習慣之社會中一個新的因子
> 而已。……約法之破壞，在一般人視為出乎意料之外，而在
> 我則視為並非意外之事。[40]

梁漱溟對於約法遭破壞一事，即有著他對於緣起的思考。因此他
說，在一般人看來是出乎意料之外的事，而在他本人看來，則並非
意外。梁漱溟並認為，主要是因為「多數民眾沒有那樣的政治習
慣，因而不會運用那樣的政治制度」，「新政治制度不是搭一空架
子所能夠建立起來的。」[41]

　　此外，梁漱溟對於民初紛亂政局的觀察，有著一個鮮明的觀
點，即他認為西方式民主政治制度並不適合當時中國。其實，如同
許多新式學人一般，梁漱溟早年亦曾是西方式民主政治的崇拜者，
譬如他說：「我從前是非常之信佩西洋近代政治制度，認為西洋政
治制度是非常合理的，其作用是非常巧妙的。我彼時總是夢想著如
何而可以使西洋政治制度到中國來實現，從十五歲起一直到二十餘
歲都是如此。」[42]甚至在民國十年（1921）梁漱溟發表《東西文化
及其哲學》時，仍還是很信服於西方政治，認為在社會和政治的改
造上，必須仿傚西方。[43]

　　然而，梁漱溟說自己「洎乎民國十一年至民國十六年間，才切

---

[40]　同前註，頁 20。

[41]　同註 24，頁 533。

[42]　梁漱溟：《自述》，頁 18。

[43]　梁漱溟：〈主編本刊（《村治》）之自白〉，《散篇論述》，《梁漱溟全集》（第五卷），頁 8。

切實實認識了，決定了西洋政治制度與中國不能相連。中國雖然可以有政治制度，但決不是近代西洋的政治制度。」[44]梁漱溟認為，民初政局的紛亂，不僅是由於人為不臧，而還有西洋政治制度貿然移植過來的水土不服、適應不良的原由。他既而主張，要想改善政治，便須培養適合中國的政治，「培養中國式的新政治習慣，而不是西洋式的。培養之方，惟有從鄉村起為最適宜。捨此以外，別無方法。並且相信中國今日之地方自治，都市的成功一定是在鄉村自治成功之後。」[45]這於是形成他下一階段的工作目標，就是培養適合中國的政治習慣，並從鄉村做起，這也就是「鄉村建設」。

三、對西方式民主政治的檢討

晚清民初是中國現代化轉型的時代，要從傳統走向現代。清朝道光十九年（1840）鴉片戰爭戰敗，開啟一波又一波向西方學習的風潮，梁漱溟稱之為「中國民族自救運動」[46]。他觀察道：「中國人於近幾十年來處處是學西洋，步步是學西洋；自光緒變法維新，而至辛亥革命，民國十五年的北伐，都是學外國。例如廢科舉，興學堂，練新軍，設造船廠，修鐵路，念洋書，穿洋服，乃至言語思想，風俗習慣，處處都要跟外國學了。」[47]然而，處於這巨大歷史變革之際，從具體可見的語言文字、衣食住行、禮儀風俗、典章制

---

44 梁漱溟：《自述》，頁 24。
45 同前註，頁 24。
46 同註 6，頁 19。又，梁漱溟另有〈中國民族自救運動之最後覺悟〉一文，收入《散篇論述》，《梁漱溟全集》（第五卷），同註 6，頁 44-132。
47 梁漱溟：《鄉村建設大意》，頁 607。

度等,到隱微抽象的思想、理念、價值觀等,凡此種種傳統文化,
何者必須拋棄?何者可以保留?何者又須經過現代化轉型?且又如
何轉型?這些都是當時知識分子所關注的問題或所感受到的衝突,
譬如「小腳與西服」之喻,形象地表達了中國傳統與西方現代之間
的矛盾。[48]小至個人婚戀的選擇,大至國家社會的議題,處處有著
傳統/現代、中國/西洋的兩難於其中。

　　如前一節所述,在政治制度方面,梁漱溟認為西方式民主制度
並不適合當時的中國。1930 年梁漱溟在自己主編的《村治》雜誌
上,發表〈主編本刊(《村治》)之自白〉一文,說道:

> 我眼中的鄉治或村治……與四五十年來全然不同的一新方
> 向:——以前都是往西走,這便要往東走。……如果大家於
> 舊方向不死心斷念,則我的鄉治或村治即無從談起!這時你
> 和他說些個鄉治或村治的怎樣怎樣辦法,中什麼用呀?我不
> 開口說話則已;我說話,劈頭一句,就要先打破他往西走的
> 迷夢,指點他往西走的無路可通。[49]

「往西走」,指的就是向西方政治體制學習。梁漱溟要打破大家往

48　「小腳與西服」是徐志摩與第一任妻子張幼儀,在歐洲要求離婚,產生爭
　　執所引用的比喻,其中隱含民初知識分子處於東西文化衝擊下的矛盾。後
　　來張幼儀姪孫女張邦梅,在美國將張幼儀生平撰寫成書,其書名即採用此
　　喻。參見張邦梅著,譚家瑜譯:《小腳與西服:張幼儀與徐志摩的家變》
　　(*Bound Feet & Western Dress: A Memoir*)(臺北:智庫出版社,1996
　　年),頁 137。
49　同註 6,頁 19。

西走的夢，看似對於民主的態度有所改變，似乎從早年對民主的推崇，轉變而為負面評價，實則並非如此。[50]事實上，梁漱溟對於近代歐洲發展出來的民主政治，是很肯定，很嚮往的。他談到民主的好處，「使你為善有餘，為惡不足」[51]，尤其是民主政治「在政權從甲轉移到乙，平平安安若無事」，能免除暴力革命，能使「政象常新」。[52]這些長處優點，有識之士亦皆能認同。但問題是，多年來中國無法將此好東西學起來，那麼，中國仿行西方式民主制度不成功，其原由為何？梁漱溟於是從文化根源上，檢討了西方式民主政治不符合中國文化精神之處，論述如下。[53]

（一）西方式民主政治「投票表決」不符合傳統中國以倫理為本位的文化

梁漱溟認為，西方式民主政治中的投票表決制度，是去倫理化、去情義化，並不符合中國尊師敬長的倫理文化。這一觀點，有著梁漱溟對中西文化的認識於其中。

---

[50] 譬如何信全認為，由於梁漱溟認為儒家價值與現代民主精神不合，因此他「祇有放棄現代民主之路，另尋適合儒家價值系統的鄉村建設之途。」見何信全：《儒學與現代民主——當代新儒家政治哲學研究》（臺北：中研院文哲所，1996 年），頁 197。其實，梁漱溟並非放棄民主之路，而是試圖建立一種具有儒家特色的民主模式。

[51] 梁漱溟：〈我們政治上第一個不通的路——歐洲近代民主的路〉，《散篇論述》，《梁漱溟全集》（第五卷），同註 6，頁 134-135。

[52] 同前註，頁 138-139。

[53] 梁漱溟檢討西方式民主制度在中國推行不成功的原因，除本節討論的兩個根本原因以外，還分析有幾點文化背景上的因素，包括物質條件不合，指的是：中國生活低簡、交通太不發達、工商業不發達。精神條件不合，指的是：不爭、謙虛、講信任、節制欲望。見同註 51，頁 141-173。

　　梁漱溟認為，近代西方自啟蒙運動以來的「現代」價值觀，乃奠基於個人主義、自由主義，不論尊卑長幼，皆有其作為個人的尊嚴，是「個人本位」的社會。相較之下，中國則是重視家庭，講究情義，是「倫理本位」的社會。雖說人類都有家庭，為何中國文化中特別重視家庭呢？梁漱溟指出，這是因為在中國傳統社會中，「團體與個人的關係輕鬆若無物，家庭關係就特別顯露出來」。[54]他認為，中國傳統社會並沒有出現像歐洲那樣普遍的宗教組織，此外國家的觀念也很淡薄，因此中國人立足於社會生活中，首先是以家族家庭之中的成員這樣的角色出現。梁漱溟所稱的「倫理本位」，是「一個人似不為自己而存在，乃彷彿互為他人而存在著」[55]，個人的價值，取決於其在家庭關係的網絡之中而存在。並且，家庭血緣之誼又可推及其他社會關係，諸如「經濟上之東伙關係、教學生活上之師生關係、政治生活上之官民關係，一律家庭化之。」[56]

　　由於中西文化有這些差異，在社會秩序的維持上，也有所不同，梁漱溟這樣說：「社會秩序所為維持，在彼殆必恃乎法律，在我則倚重於禮俗。近代法律之本在權利，中國禮俗之本則情與義也。」[57]近代西方個人主義，講究個人權利，因而在社會秩序的維持上，以法律為主，明白規範著個人可做與不可做之處有哪些。中國社會則由於重視家庭倫理，社會關係是家庭倫理的延伸，因而在

54　梁漱溟：《鄉村建設理論》，頁167。
55　同前註，頁168。
56　同前註，頁174。
57　同前註，頁169。

社會秩序的維持上，「倚重禮俗，而不在國家法制」。[58]

依此而來，正由於中國社會是以倫理為本位，因此西方式民主政治中相當重要的「投票表決」制度，並不符合中國尊師敬長的倫理文化。梁漱溟解釋說：

> 公事多數表決與中國尊師敬長的意思不合——「多數表決」這句話，是西洋風氣進來後，近幾十年來，中國人才學會說的。在前些年，中國人從來沒有人說過這句話。按中國的風俗是尊師敬長的，多數人要聽老師及尊長的話。如果動不動便要多數表決，那就把老師與尊長取消了。[59]

他舉例說道：

> 例如一個老頭，有幾個兒子，又有許多孫子；那麼，如果他們家中實行多數表決的時候，則他的子孫算是多數，老頭一個人非失敗不可，當爺爺的便沒有了地位，這能合乎中國的人情嗎？

> 再如請老師，原來是為的咱不會，所以才請老師來教導咱；那麼，既然請老師，就應當聽從老師的話，如果遇事我們都要多數表決，那還要老師有什麼用呢？

58　同前註，頁 175。
59　梁漱溟：《鄉村建設大意》，頁 656-657。

> 若令一個賢者智者（德行高知識多的人）僅去跟著多數愚者
> 走，那不是越走越向下嗎？社會都是要求進步，那能越來越
> 向下呢？從這一點說，我們認為尊師實在是個必要，尊師敬
> 長是應該的；所以我們不能改了這個去學「多數表決」。[60]

梁漱溟所舉例子淺顯易懂，也具有一定程度的說服力，即使在現今，依然可以見到基於此種理由，對民主投票制度所發出的質疑，即一人一票的投票制泯除了賢愚之間的差異。不過，在現今民主制度實際運作時，「投票表決」多數使用在公職人員的選舉，以及公共事務的討論方面。在學校中，師生相處，用「投票表決」的情形已經很少。在家族中，親長相處，用「投票表決」的情形似乎更少。因此，若從這一事實面向，來質疑或批評梁漱溟的論點，未嘗不能成立。

（二）西方式民主政治「公私分離」不符合傳統中國重道德的文化

梁漱溟認為，西方式民主「公事多數表決，私事不得干涉」的風氣，並不符合中國社會的文化。[61]西方式民主政治中，公私領域分開而論，這是有著去道德化的危險。前一小節已討論「公事多數表決」，此處則檢討「私事不得干涉」。

西方進入現代以來，政治與教化分離，公私領域分立。公領域接受社會監督，可受公眾評論，屬於政治；私領域則屬於個人隱私

60　同前註，頁 657。

61　同前註，頁 661。

範圍，歸於宗教。這種思維，也是奠基於個人主義、自由主義而來的。二十世紀自由主義思想家以賽亞・伯林（Isaiah Berlin）提出兩種自由的概念，一為「消極自由」（negative freedom），另一為「積極自由」（positive freedom）。消極自由，指的是在被動意義上，免於受到他人強制和干涉的自由；積極自由，則是指在主動意義上，基於自身意志去做行動的自由。[62]

　　梁漱溟對西方「私事不得干涉」，也就是所謂消極自由，並非完全認同，他是這樣解釋的：

> 在西洋人是個人私事旁人絕對不許干涉。一件事情，只要不妨礙公共秩序，就不算犯法；不犯法，就可以隨自己的意思去做，誰也問不著。可是在中國人看，則一件事情，雖然不算犯法，而在私人道德上或者成問題；這樣的事情，在中國是要受干涉的。

> 中國人既然如此著重道德，那麼，在公眾團體中如果把道德看著沒關係，個人的不道德也不許旁人過問，這怎麼能合乎中國人的意思呢？[63]

在西方社會，只要不妨礙他人，不違背法律，個人選擇要做的事，乃是個人的自由，可以不受干涉。但梁漱溟繼而提出質疑，他認為

---

[62]　參見柏林（Isaiah Berlin）著，陳曉林譯：《自由四論》（*Four Essays on Liberty*）（臺北：聯經出版公司，1986 年），第四章「兩種自由概念」，頁 225-295。

[63]　梁漱溟：《鄉村建設大意》，頁 657-658。

自由應該是有條件的，「如其不合人生向上，發揮長處的條件，那麼，還是要干涉他。」[64]梁漱溟並以當時還普遍存在的婦女纏小腳為例來說明：

> 譬如婦女纏足這件事情，我們常常聽見婦女討厭人家勸她放足，她說：足是我的，我纏我的足，沒纏你的足，好不好礙你什麼事！她雖不懂自由的道理，而她的話隱然就是自由論。從自由論來說，對她不能干涉；可是從現在對自由的看法來說：許你自由，為的是要你向上，發揮你的長處。……簡言之，你對，就許你自由；否則不能自由。……現在許多國家都採這種干涉態度，許多新的法律都把自由看成是一種相對的，不是絕對的。往這種方向變化，即與中國固有精神甚相合。[65]

梁漱溟主張，自由應該是要在對自己求向上、求發揮的原則上，才允許自由；如果違反這個原則，則社會可以擁有干涉、介入的權力。這其中，涉及關於人權、自由、社會介入等多項議題，不同立場的支持者各有所見。持自由主義立場的人，或是西化較深的人，多認為消極自由很是重要，不論是國家公務體制，還是普通大眾，乃至親戚朋友，皆不得干涉個人自由。在這一點上，中國確實不如西方，社會對個人的壓迫，家族、家庭對個人的壓迫，男性對女性的壓迫，父母對子女的壓迫，至今在各地華人社群中仍時有所聞。

---

[64]　梁漱溟：《鄉村建設理論》，頁 298。

[65]　同前註，頁 298-299。

　　但另方面，西方社會對於消極自由也不是毫無條件的保障。梁漱溟說「現在許多國家都採這種干涉態度」，現今也常可見到這類案例。話雖如此，畢竟整體而言，西方社會傾向於公私分離，而華人社會則否，這是中西文化很大的不同。中國傳統文化是：父母對子女，負有身教、言教的責任；師長對學生，不僅要做經師，更要做人師；長官對於部屬，官員之於百姓，要做表率，負有教化之責。這種文化，其實隱含著公私不完全分離的想法在其中。照理說，教師在下課之後，官員在下班之後，時間便是個人私有的，如何作為，其實並不在公領域受監督的範圍內，毋須向學生或是民眾負責。但實情是，在西方社會允許的事，在中國文化影響的社會卻未必允許。例如，在西方社會，一位政治人物，人們對他施政優劣的評價，往往不需要聯繫著他的私人品德去作判斷；但是，在中國或華人社會，人們對一位政治人物政績的優劣，卻往往聯繫著他私人品德去作判斷。甚且，不只是政治家，對其他各種行業人員的評價，也往往是循著這一模式去進行。

　　出於對中國社會這一特質的觀察，梁漱溟說：「西洋近代的民治，非政教分離不得開發出來；但中國的民治（果其有之），則非政教不分不得開發出來。此我可斷言之者。」[66]他的這一觀點，自然也是深受儒家思想中由修身、齊家，才能到達治國、平天下的道德觀所影響，而這種影響，也造成了傳統社會對於公私領域的分際

---

[66]　同註 51，頁 172。按，梁漱溟所稱「民治」（Democracy）即是民主，見頁 134。

較不明顯的結果。[67]

　　「投票表決」和「公私分離」，這兩項西方民主的特色，確實與中國傳統社會儒家倫理有些不合，因而引起梁漱溟對這些問題作出反思。在反思之餘，梁漱溟還提出了具體作法，指出「中國社會秩序的維持是靠社會禮俗而不靠宗教教會與國家法律」[68]，並主張必須依照中國社會的特色，順從社會禮俗，從而發展出一套儒家式民主政治，其具體實踐或實驗就是鄉村建設。

四、對儒家式民主政治的實驗：鄉村建設

　　前有所破，後有所立。梁漱溟在反省西方式民主制度之後，說：「現在世界上所有的民主或民治，照我看，其規模樣式（注意我說的只是規模樣式）我們仿行起來都很不適合，我們須要在民主或民治裏邊開創一個新規模新樣式。」[69]「換句話，要吃現成飯是不行的，必須自己創造。」[70]這是破。在立的方面，梁漱溟因此認為，新政治習慣必須合乎舊有的倫理精神，「以中國的老道理」來培養民主政治習慣，而「老道理雖多，要不外兩點：一是互以對方為重的倫理情誼；一是改過遷善的人生向上。」[71]前者乃針對西方

---

[67]　參黃俊傑：〈東亞近世儒者對「公」「私」領域分際的思考〉，《東亞儒學：經典與詮釋的辯證》（臺北：國立臺灣大學出版中心，2007年），頁417。

[68]　梁漱溟：〈中國文化的特徵在哪裏？〉，《散篇論述》，《梁漱溟全集》（第五卷），同註6，頁698。

[69]　梁漱溟：《鄉村建設大意》，頁719。

[70]　梁漱溟：《自述》，頁24。

[71]　梁漱溟：《鄉村建設大意》，頁659。

式民主政治中的「投票表決」；後者即針對西方式民主政治中的
「公私分離」。至於具體措施，則論述如下。

（一）以「大家齊心學好向上求進步」為目標的鄉學
　　　組織

梁漱溟在鄉村中建立村學、鄉學的組織，「將一村一鄉里的父
老兄弟子姪們，大家伙合起來」，以「大家齊心學好，向上求進
步」為目標。[72]這種鄉學組織，是倫理情誼化的組織，同時又是協
商地方事務的組織，具有地方自治的型態與功能。在梁漱溟看來，
鄉學組織與當時實施的地方自治模式有些差異，地方自治法規並沒
有人生向上的意味，同時由於以權利為本位，導致倫理情誼的意味
也沒有了。[73]

此外，有別於國民政府推行地方自治採行西方式民主的投票表
決制，梁漱溟所推動的儒家式民主政治不動用投票表決，不採用正
式開會的模式，不用他認為無情義的做法，而是以商量的方式，用
禮俗來代替法律的功能。梁漱溟用「禮」來代替「法」，以現今眼
光視之，或難以認同。不過，梁漱溟也有他的解釋。他指出，
「禮」與「法」是兩條很不相同的路：「大家相喻而共守」，大家
都承認要這樣做，「人情以為安」，表面看似沒有規定，但實則標
準放在裏面，這就是「禮」。至於「法」，是以外在的標準來規
定，可行者行，不可行者止。然而，「法」表面上標準很清楚明
白，其中的人情卻不一定恰當。梁漱溟推行鄉學，用的是「禮」而

72　同前註，頁 668。
73　梁漱溟：《鄉村建設理論》，頁 322。

不是「法」，正如他說：「我們的這個組織，是一個倫理情誼的組織，以人生向上為目標，故天然不能用法。……我們走路只能走一邊，不能走法的路，就只能走禮的路。」[74]由「禮」而成俗，也就是養成了習慣，而習慣是不容易違反的。這樣，有誰不合乎習慣，大家都會認為他不對。

梁漱溟並以英國政治為例。英國在國會、內閣、君主三方面，並沒有死板的條文來規定，可是這三方面運作的相當圓轉，就是因為大家有一種相喻而共守的習慣。內閣官員的去留也是如此，何時何人該上臺或下臺，如何上、如何下，都是靠大家共同認可的習慣，而並不靠條文。表面上看似沒有標準可以依循，其實是有標準的，標準就是情理習慣。梁漱溟也觀察到，有些國家的政府運作，雖有法條規定，但「有條文之後，或者反倒有人借條文來糾纏」，各有各的解釋，反而解決不了問題。[75]

在梁漱溟所推動的鄉學組織中，是由四部分成員所構成：

　　1.學眾：村中或鄉中男婦老少一切人等；
　　2.學長：村中或鄉中品德最尊的人；
　　3.學董：村中或鄉中有辦事能力的人；
　　4.教員（鄉學又有輔導員）：鄉村運動者。[76]

這其中，學眾即立法作用，學董即行政作用，學長即監督教訓作

74　同前註，頁383。
75　同前註，頁384。
76　梁漱溟：《鄉村建設大意》，頁676。

用，教員即推動設計作用。[77]學眾要知道尊敬學長；學長要能領導眾人，做眾人的表率。[78]這四種成員，定期舉行集會，鄉村中遇到了任何矛盾或糾紛，都由這四種人員一起會商，商討出合理的結果。開會的時候，大家一同參與，任何意見即對大眾說出，大家商量討論，比如對於某件事情不贊成，不能只以嘆氣來表達，還要把意思講出來，尊重多數意見。[79]但是，不動用投票表決的做法。

不採用投票表決，梁漱溟的理由是：

> 我們總是希望大家在情義上對付著過團體生活；常以全體一致之意思表現於外，不使他有裂痕，不使他強壓弱。死板的定下服從少數固然說不通；死板的定下服從多數亦不合適。所以我們都不敢定，總是讓大家在情義上對付著商量著辦事，彼此牽就，互相讓步。有時你牽就他，有時他還要牽就你，總要養成一種合作商量的風氣，養成一種彼此相讓的禮俗。這樣像是太無憑準，但若一從外面求個憑準，便落在法律上，落在法律上便死板，死板便不能講情義，便不是禮俗生活了。而在中國鄉村社會中，大概是要走情義的路，走禮俗的路才行。[80]

梁漱溟認為，中國鄉村是特別講究人情，重視情義的，如果仿行西方式民主，依法律條文來處理，這未免太無情義了。當時全國各地

77　同前註，頁 697。
78　同前註，頁 692-694。
79　同前註，頁 679-680。
80　同前註，頁 700-701。

正在提倡地方自治，是一種新風氣。[81]但梁漱溟認為，當時國民政府所施行的地方自治辦法，「是完全按照西方政治的原理原則」，即牽制與制衡，「其運用之道，亦完全是借對立分爭之勢，一切由法律解決，用強硬手段相對待」，「這在我們看來未免太無情義了」。[82]他並且舉例說明：

> 《修正鄉鎮自治施行法》第四十一條規定：鄉鎮居民有左列情事時，鄉長或鎮長得分別輕重緩急報由縣政府或區分所處理之：
> 一、違犯現行法令者；
> 二、違抗縣區命令者；
> 三、違犯鎮自治公約或一切決議案者；
> 四、觸犯刑法或與刑法性質相同之特別法者。
> 有前項第四款情事，鄉長或鎮長得先行拘禁之；除分別呈報區公所及縣政府外，並應即函送該管司法機關核辦。[83]

梁漱溟認為，這是毫無情義的辦法，正如他說：「本來一鄉一村即等於一家，一家之中彼此應當有情有義，鄉黨鄰里之間也是一樣，不能用強硬的法律解決的辦法；一用法律則有傷情義了。中國人尤其是鄉下人情義特別重，對這種有傷情義的辦法如何能受得

81　梁培恕：《中國最後一個大儒：記父親梁漱溟》（南京：江蘇文藝出版社，2011年），頁153。

82　梁漱溟：《鄉村建設大意》，頁703。

83　同前註，頁703。

了？」[84]梁漱溟主張，鄉長對於鄉鎮居民應多加愛護，鄉民有不對之處，鎮長應及早規勸，不要等到犯了法再治之以罪，這才是尊長愛護子弟之道。[85]

梁漱溟在鄉村建設中，主張以教育、教化之方來處理地方事務，上對下是如此，下對上亦是如此。在上對下方面，鄉長對於鄉民，以情義的方式來處理，如《村學鄉學須知》辦法：「學長是要領導眾人學好的。凡不學好的人應本愛惜他之心而訓飭他。或背地裡規勸他，不令人知，以給他留面子。不要等他小惡養成大惡。」[86]至於下對上，鄉民對於鄉長，也以情義的方式，來代替地方自治法中的「罷免權」。民國的地方自治法，採行西方政治中的制衡原理，有鄉公所，就有監委會，前者為行政機關，後者為監察機關。鄉長若有行政失誤，或濫用職權，橫行霸道，或假公營私，則鄉民可以動用罷免權將其去職。但梁漱溟認為，這種做法也太無情義，因此在鄉村建設中，是將監督的責任放在「學長」身上，如《村學鄉學須知》辦法：「照現在各處地方自治，對於鄉鎮長都有監察委員會監督他；我們不設監察委員會，但其事則交給學長了。」[87]其具體做法，在《學長須知》中說：「怎麼監督他呢？例如看他有驕橫之處就背地忠告他；看他有陰私之處就趕緊規戒他。怎麼調護他呢？事先忠告規戒，不讓他鬧出亂子來，就是調護他。要默察眾人之意，而時常轉告之。」[88]同樣地，鄉民對於鄉長也是如此，在

---

84 同前註，頁 704。
85 同前註，頁 703-704。
86 同前註，頁 704。
87 同前註，頁 705。
88 同前註，頁 705。

《學眾須知》中說：「『君子愛人以德，小人愛人以姑息』；監督他，勿使他陷於不義，正為愛人之道。凡有勸諫的話，無妨以友誼進一言。」[89]並且，鄉民看到鄉長有不對之處，不要與其有正面衝突，最好是先對學長說，由學長轉告他，「可以避免強硬無情的辦法」。[90]

社會學家費孝通，在 1947 年出版的《鄉土中國》一書中，也強調鄉村中通行已久的「禮治秩序」。在鄉村中，「禮」對鄉民的作用，幾乎與法律無所差異。他也觀察到在民國二、三十年代，在鄉村中實施地方自治的情形，他說：「現行的司法制度在鄉間發生了很特殊的副作用，它破壞了原有的禮治秩序，但並不能有效地建立法治秩序。」[91]費孝通與梁漱溟的時代相近，他的看法也與梁漱溟相近。

只是，使人質疑的是，一件公共事務，由民眾商量著辦事，但如果民眾意見不同，各持己見，商量不出結果，最後的辦法又當如何？是讓事務停頓？還是使用「多數表決」？另外，梁漱溟在推動鄉學時，特別強調「以人生向善」為目標，「以改過遷善」為方法，但如果有人不肯「向上」，又不願「改過遷善」，甚至還為非作惡，鄉學又無法律可以管束糾正，則又將如何處理呢？諸如此類，可見「法」的功能還是無法由「禮」來完全取代。

（二）鄉村建設中的「鄉約」精神

梁漱溟所推動的鄉村建設，有其歷史上的淵源，可以上溯自宋

89　同前註，頁 706。

90　同前註，頁 706。

91　費孝通：《鄉土中國》（北京：三聯書店，1985 年），頁 58。

代的「鄉約」。正如梁漱溟在《鄉村建設大意》一書中說：「村學鄉學的目標最合乎中國的老道理——鄉約的意思。……一鄉之人彼此相約共勉於為善；也就是大家齊心向上學好的意思。」[92]在梁漱溟看來，鄉約具有現代地方自治的精神，但較乎地方自治多了一個不同之處，即「人生向上」之意。[93]梁漱溟推動鄉村建設，某種程度也就是要師法古人，接續古代鄉約的精神。梁漱溟在他的《鄉村建設大意》及《鄉村建設理論》兩本書當中，亦曾多次提及歷代提倡「鄉約」的呂大鈞、朱熹、呂坤、王守仁、王艮、陸世儀等人。[94]

　　早在北宋范仲淹就已經開始推動義田義莊，即已具有鄉約的雛型。史書上記載，范仲淹「好施予，置義莊里中，以贍族人」[95]。范仲淹手訂〈義莊規矩〉，其中有規矩十餘條，諸如「逐房計口給米」、「冬衣」、「鄉里外姻親戚如貧窘非次急難」[96]等條文。

　　年輕時曾拜謁范仲淹的張載[97]，在鄉里推動古法的復興，也具有鄉約的精神。史書上稱，張載「論定井田、宅里、發斂、學校之法，皆欲條理成書，使可舉而措諸事業。」[98]張載卒後，弟子呂大臨為張載撰寫〈行狀〉：「與學者議古之法，共買田一方，畫為數井，上不失公家之賦役，退以私正經界，分宅里，立斂法，廣儲

92　梁漱溟：《鄉村建設大意》，頁 670-671。

93　梁漱溟：《鄉村建設理論》，頁 320。

94　同前註，頁 330。

95　元・脫脫等：《宋史》（北京：中華書局，1985 年），卷 314，頁 10267。

96　明・陶宗儀：《說郛》（上海：上海古籍出版社，1988 年），第六冊，卷 120，頁 3333。

97　《宋史》，卷 427〈道學傳〉，頁 12723。

98　同前註，頁 12724。

蓄，興學校，成禮俗，救災恤患，敦本抑末。」[99]

　　張載以民胞物與的胸懷，關心黎民百姓疾苦，影響到呂氏兄弟，因而有〈呂氏鄉約〉的出現。呂家兄弟四人，呂大忠居長，呂大防居次，呂大鈞居三，呂大臨居四。呂大防曾任宰相，呂大忠、呂大臨也都曾出仕為官，僅呂大鈞從學於張載。〈呂氏鄉約〉，是傳世文獻中所見最早的「鄉約」。

　　南宋時代，朱熹又編纂〈增損呂氏鄉約〉。[100]朱熹主要依據〈呂氏鄉約〉，並且採用其他相關書籍，有時附上自己意見，稍加增損，略加注解而成。

　　明代王守仁有〈南贛鄉約〉，為四十八歲時任江西巡撫時所撰，共有要點十六條。例如第一條說：「同約中推年高有德為眾所敬服者一人為約長，二人為副約。又推公直果斷者四人為約正。通達明察者四人為約史。精健廉幹者四人為知約。禮儀習熟者二人為約贊。」又如第九條說：「親族鄉鄰，往往有因小忿，投賊復讎，殘害良善，釀成大患，今後一應鬥毆不平之事鳴之於約長等，公論是非。」[101]像這些組織的人員名稱，以及「鄉約」的條文內容，在梁漱溟的鄉村建設理論中，都曾隱約出現過。王陽明門下有泰州一派，以王艮、王襞父子為代表，主張平民講習，對梁漱溟的影響

<hr>

99　宋・張載：《張子全書》（臺北：臺灣中華書局，1976 年），卷 15，頁11。

100　宋・朱熹：〈增損呂氏鄉約〉，《朱子文集》卷 74，《朱子全書》第 24 冊（上海：上海古籍出版社，2002 年），頁 3594。

101　明・王守仁：《王陽明全書》（臺北：河洛圖書出版社，1978 年），卷17，頁 277。

也很大。[102]

清代的陸世儀在所著〈治鄉三約〉中，提出「由今之道，而可以臻古之至者，其法有四，曰鄉約也，社學也，保甲也，社倉也」，「四者之中，鄉約為綱而虛，社學、保甲、社倉為目而實」[103]，他把「鄉約」由消極轉變到積極的道路上。

由范仲淹到張載，到呂氏兄弟、朱熹、王陽明、王艮、陸桴亭等，古代主要的「鄉約」理論，在此已大略具足。

鄉約中最具代表性的〈呂氏鄉約〉，有四項重點：

第一、「德業相勸」，如「德謂見善必行，聞過必改，能治其身，能治其家」等等。

第二、「過失相規」，如「不修之過五，一曰交非其人，二曰怠惰不修，三曰動作無儀，四曰臨事不恪，五曰用度不節」等等。

第三、「禮俗相交」，如「凡遇慶弔，每家只家長一人，與同約者皆往，其書問亦如之，若家有故，或與所慶弔者不相識，則其次者當之，所助之事，所遺之物，亦臨事聚議，各量其力，裁定名物，及多少之數」等等。

第四、「患難相恤」，如「患難之事七，一曰水火，二曰盜賊，三曰疾病，四曰死喪，五曰孤弱，六曰誣枉，七曰貧乏，凡

---

[102] 如朱義祿〈梁漱溟與泰州學派〉一文說：「『化及平民』的泰州學派的『大眾化學風』，正是梁漱溟在三十年代大力開展鄉村建設的重要方針。」收入方克立、李錦全主編：《現代新儒學研究論集》（北京：中國社會科學出版社，1991 年），頁 75。宣朝慶：《泰州學派的精神世界與鄉村建設》（北京：中華書局，2010 年），對此問題也有不少討論。

[103] 清·陸世儀：〈治鄉三約〉，見徐世昌：《清儒學案》卷 4（臺北：世界書局，1967 年），頁 97。

同約者，財物之器用，車馬人僕，皆有無相假」等等。[104]

　　這四項，梁漱溟將其簡化，所謂「德業相勸」，就是大家一起向上學好；「過失相規」，對於好賭博、好喝酒、好鬥毆等事情，大家互相勸戒；「禮俗相交」，鄉黨之間要有相親相敬之禮；「患難相恤」，對於水火之災、盜賊、疾病、死喪、孤弱等等，大家互相幫助，互相顧恤。[105]

　　「鄉約」在中國農村社會中，已經有上千年實施的歷史。梁漱溟在鄉村建設的理論中，擷取了「鄉約」的主要精神，並容納了一些西方的長處，例如團體組織、團體生活、尊重個人、財產社會化等成分。[106]對此，鄭大華也認為，梁漱溟的鄉村建設是傳統「鄉約」的現代新版。[107]

　　1923 年柳詒徵在《學衡》雜誌上發表長文〈中國鄉治之尚德主義〉，在考訂鄉治的歷史發展之餘，對於民國以來引進西方地方自治模式所產生的弊端，分析得頗為中肯。柳詒徵說：

> 清季之倡地方自治者，求法於日本，求法於歐美，獨未嘗返
> 而求之中國。故中國鄉治之精義，隱而不昌。然細考之，吾
> 國自邃古迄元明，雖為君主政體，然以幅員之廣，人口之

104　宋・呂大忠：〈呂氏鄉約〉，收入於陶宗儀：《說郛》，同註 96，第六冊，卷 120，頁 3333。

105　梁漱溟：《鄉村建設大意》，頁 670。

106　鄭大華：《民國鄉村建設運動》（北京：社會科學文獻出版社，2000年），頁 176。

107　鄭大華：《梁漱溟與現代新儒學》（臺北：文津出版社，1993 年），頁97。

眾，立國之本仍在各地方之自躋於善，初非徒恃一中央政府
或徒倚賴政府所任命之官吏，而人民絕不自謀。此其形式雖
與近世各國所謂地方自治者不侔，然欲導吾民以中國之習慣
漸趨於西方之法治，非從此參其消息，不能得適當之導線
也。[108]

民初思想界，若說《新青年》雜誌為激進改革派，《國故》雜誌是
傳統派，《學衡》雜誌則為中間立場。柳詒徵從鄉治傳統中尋找地
方自治的淵源，以培養民眾逐漸習慣於西方的法治，這一思路與梁
漱溟是相符合的。

（三）實踐與批評

　　梁漱溟鄉村建設的構想，曾嘗試在河南與山東兩省推行，而主
要是在山東鄒平予以實踐。[109]為了培養鄉村建設的人才，1930 年
河南村治學院開辦，梁漱溟任教務長，但不到一年即停辦。1931
年，山東鄉村建設研究院成立，梁漱溟擔任主任。1933 年，在山
東省主席韓復榘的支持下，鄒平、菏澤兩地設為實驗區，推行梁漱
溟鄉村建設的構想。以研究梁漱溟著稱的美國學者艾愷（Guy
Alitto）指出，到 1937 年，山東全省 107 個縣中有 70 個縣被指定

---

[108] 柳詒徵：《柳詒徵說文化》（上海：上海古籍出版社，1999 年），頁
302-303。

[109] 根據梁漱溟次子梁培恕的說法，鄉村建設研究院的院址選在鄒平，是因為
這個地方距離省會濟南不會太遠也不會太近，距離膠濟鐵路三十里，人口
有十六萬的縣城。見梁培恕：《中國最後一個大儒：記父親梁漱溟》，頁
140。

為鄉村建設實驗區，這些都或直接或間接地受到梁漱溟的組織或梁漱溟本人的影響，若不是日軍侵占山東，到 1938 年時山東各縣都將成為鄒平網狀組織的一部分。[110]

　　鄉村建設的組織與具體工作頗為繁多。譬如，為培養鄉村建設的輔導員，有鄉村建設研究院的成立，分為研究部及訓練部。在研究部方面，每屆招生三十人，必須是大學學歷，修業兩年，培養作為高層的工作人員；訓練部方面，招生條件必須是世代居鄉者，中學程度即可，修業一年，培養的是基層人員，畢業後分發回其家鄉工作。訓練部課程相當多，農村所須的知識技能，諸如會計、打井、植樹等等都要學。整個研究院沒有寒暑假，也不過星期日。大家吃同樣的飯食，穿同樣的衣服。從 1931 年研究院成立，到 1937 年日軍入侵，幾年下來培訓了不下四千餘人。[111]另外，還設有鄉學、村學、農場、合作社、治安部門、醫院等等。[112]

　　這其中最引人注意的，是鄉村建設研究院中對學員的精神陶煉，師友共學，共勉向上，頗具有宋明講學之風，這即是梁漱溟在北京大學任教時所嚮往的學習模式。學生分為小組，組員一起生活、學習和工作，日程很緊湊，拂曉即起，全校師生在天亮前集合一起做朝會。這個學習模式，其實早在梁漱溟在北京時就曾小規模地實行過，如梁漱溟說：

　　　　在北平師生共約十人，我們在什剎海租了一所房，共同居

110　艾愷著，王宗昱、冀建中譯：《最後的儒家：梁漱溟與中國現代化的兩難》（南京：江蘇人民出版社，1996 年），頁 241。

111　梁培恕：《中國最後一個大儒：記父親梁漱溟》，頁 141。

112　同註 110，頁 249-270。

住，朝會自那時就很認真去做，大家共勉互進，講求策勵，極為認真，如在冬季，天將明未明時，大家起來後在月臺上團坐，疏星殘月，悠懸空際，山河大地，皆在靜默，惟間聞更雞喔喔作啼，此情此景，最易令人興起，特別的感覺心地清明、興奮、靜寂，覺得世人都在睡夢中，我獨清醒，若益感到自身責任之重大。[113]

當時，以梁漱溟為中心，圍繞在旁多位朋友，年紀上較梁漱溟小幾歲，形成一個小團體，共學共事。[114]這個模式，其實頗類似於佛教寺院中的早課。梁漱溟在「朝會」時對學員發表的多次談話，後來結集為《朝話》一書，內容多有對師友共學這一理念的闡述。梁漱溟指出，做人必須時時自我反省，發現自己的毛病以求改進，而最好的方法便是「親師取友」，讓自己潛移默化，「以融化感應自己的缺短而得其養」，若自己脾氣急躁，便與性情平和的朋友相處，改去急躁，若自己精神不振，便與振作的朋友相處，自己無形之中也得以振作起來，「好的朋友多，自然向上走了」。[115]同時，朋友之間要以同情為根本，以了解為前提，一方面留意對方的毛病，另方面要能原諒。[116]

　　梁漱溟推動鄉村建設，在當時引起很大關注，許多單位派人前

---

[113] 梁漱溟：〈朝會的來歷及其意義〉，頁 40-41。

[114] 梁漱溟：〈朋友與社會信用〉，《朝話》，《梁漱溟全集》（第二卷），頁 59-60。

[115] 梁漱溟：〈調整自己必親師取友〉，《朝話》，《梁漱溟全集》（第二卷），頁 52。

[116] 同前註，頁 53。

往參觀考察。對梁漱溟執弟子禮的學生徐樹人，親身參與鄉村建設，先任山東鄉村建設研究院秘書，後來任鄒平實驗縣縣長，回憶說道：「當時到鄒平來參觀的人一天天增多，有學術團體，有地方團體，也有些是同情我們的朋友，弄得我這個秘書像大寺院的知客和尚一樣，天天忙於招待來賓。」[117]然而，正如《孟子》所言：「徒善不足以為政，徒法不能以自行。」[118]僅有良善動機或是周詳規定，並不足以讓整個團體或是整個組織理想地運作起來。此外，鄉村建設也難免於內部矛盾問題。根據徐樹人的觀察，當時在鄉村建設研究院內部，有三個派系，主張並不一致，梁漱溟所帶領的只是其中一派，有時也不免要遷就以當地豪紳勢力為背景的另一派。[119]在實踐中，梁漱溟也體認到，鄉村建設很難避免知識分子與農民之間的鴻溝，以致於形成「號稱鄉村運動而鄉村不動」的局面，譬如他說道：

> 本來最理想的鄉村運動，是鄉下人動，我們幫他吶喊。退一步說，也應當是他想動，而我們領著他動。現在完全不是這樣。現在是我們動，他們不動；他們不惟不動，甚且因為我們動，反來和他們鬧得很不合適，幾乎讓我們做不下

---

117 徐樹人：〈我追隨梁漱溟先生從事鄉村建設〉，收入馬勇主編：《末代碩儒——名人筆下的梁漱溟、梁漱溟筆下的名人》（上海：東方出版中心，1998年），頁113。

118 《孟子·離婁》，見朱熹：《四書集注》（臺北：文海出版社，1984年），頁291。

119 這三個派系是：以梁仲華為首的河南村治學院派，以孫則讓為首的山東曹州幫，以及梁漱溟及其學生。見同註117，頁110。

去。……我們自以為我們的工作和鄉村有好處，然而鄉村並
不歡迎；至少是彼此兩回事，沒有打成一片。[120]

知識分子有心推動鄉村的建設，但在鄉村人看來，這些外地來的讀
書人，儘管帶著理想來到鄉村，卻未必能融入鄉村生活，與鄉村民
眾打成一片。好心未必做成好事，世事恐怕多是如此。[121]

　　在當時，外界對梁漱溟鄉村建設的批評質疑之聲，亦時而有
之。比如，曾參與戊戌變法的王照，撰有五篇文章致梁漱溟，指責
梁漱溟「主觀太深」，「以大師資格」，「要饗於一時」[122]，並
力勸梁漱溟「救國之心宜熱不宜急」。[123]這五篇中，第一篇題為
「雲端人干涉下界事」，文中指稱士大夫對鄉村懷抱一廂情願的想
像，實則未必真正了解鄉村，暗指梁漱溟「一生飄在雲端，妄議下
界事，且妄動手，怪哉。」[124]

　　另外，主張全盤西化的陳序經，也批評鄉村建設，認為應該是
要仰賴工業而非全面重視農業，而工業最好是以都市為起點，並從
都市附近的鄉村開始，盡量利用都市中的行政機構作為資源，擴大

---

[120] 梁漱溟：〈我們的兩大難處——二十四年十月二十五日在研究院演講〉，
《梁漱溟全集》（第二卷），頁 574-575。

[121] 晚明泰州學派在推動社會講學中，一方面深入鄉間庶民生活，但另方面卻
難以避免有著良知的傲慢，以至於存在著知識精英與庶民百姓之間的隔
閡。在個人氣質與作風上，梁漱溟確實與泰州學派王艮諸人有著相似之
處；而梁漱溟在具體推動鄉村建設中所產生的流弊缺失，也多少與泰州學
派相似。

[122] 王照：《小航文存》（臺北：文海出版社，1968 年），頁 293。

[123] 同前註，頁 309。

[124] 同前註，頁 297。

其工作範圍。[125]

　　當年曾參觀鄒平鄉村建設的牟宗三，後來也評論說：「鄉村建設究竟是在建設什麼東西？梁先生並沒有一個清楚的觀念。」又說：「鄉村中所要求的建設是農村現代化，增加生產，使農民脫於貧困的狀態，這需要人力、財力和專家知識的，梁先生哪有這些？」[126]

　　六十年代，韋政通在〈兩個人和兩條路──為「傳統」與「西化」之爭提供一頁歷史教訓〉一文中，將梁漱溟的「鄉村建設運動」與蔣夢麟在臺灣所推動的「中國農村復興委員會」，兩者進行對比。韋政通認為，「教」和「養」是中國自古以來的兩大問題，孔孟以下的儒家強調「教」的重要性，走上「泛道德主義」的路，梁漱溟的鄉村建設也是如此，但歷史上多次暴力革命，並不是因為「教」的不夠，而是「養」的缺乏，所謂「倉廩實則知禮節，衣食足則知榮辱」[127]，應該是先「養」而後「教」較能切中時弊，此即蔣夢麟成功之處。[128]

125　陳序經：〈鄉村建設的途徑〉，《陳序經文集》（廣州：中山大學出版社，2004 年），頁 122-124。

126　牟宗三：〈漢宋知識分子之規格與現時代知識分子立身處世之道〉，見《時代與感受》（臺北：鵝湖出版社，1984 年），頁 243、244。

127　《管子・牧民》，見戴望：《管子校正》（臺北：世界書局，1955 年），頁 1。

128　韋政通：〈兩個人和兩條路──為「傳統」與「西化」之爭提供一頁歷史教訓〉，《儒家與現代化》（臺北：水牛出版社，1989 年），頁 175。由蔣夢麟領導的「中國農村復興委員會」，於 1948 年在南京由中美兩國簽訂經濟援助協定正式成立，1949 年以後在臺灣推動的工作，主要是積極增加農作物的生產，並改革若干阻礙生產的重要因素，如土地改革，求取農林、漁牧各業的增產，以達到改善農民生活，這些措施基本上是以「養」字為先務。

　　王照等四位先生，他們對於梁漱溟鄉村建設本身的批評，各有所見，皆有言之成理之處。鄉村建設確實需要以都市為後盾，以工業為助力，而不能只局限在鄉村之中進行封閉式的改革。不過，其實梁漱溟亦有所強調，鄉村建設只是一個開始，他著重一個「漸」字，希望由小到大，慢慢推行到全國。[129]只是後來局勢變化，大環境已無法給予梁漱溟更多的時間來實踐。雖如此，梁漱溟在鄉村建設中所實驗的儒家式民主，試圖將傳統儒家的倫理禮義精神與現代民主制度相融合，看似是經濟建設，而實乃蘊涵著政治建設的心意與設計，這一關鍵主軸是本文所要彰顯的，至於其最終的成敗與否並不是本文重點。

　　1937 年蘆溝橋事變掀起日本侵華的序幕，梁漱溟的鄉村建設運動因而停頓下來，而他想要在鄉村建設中實驗的儒家式民主，也未能見出實際的效果。他本人也因為時局變化，轉而奔走於抗戰問題及政治協商工作之間，展開另一階段的人生。

五、結語

　　二十世紀初葉，辛亥革命成功以來，帝制推翻未久，西方思潮湧入，知識分子對西方的民主政治欣羨不已，群起推崇。然而，從民國初年到二、三十年代，民主政治在中國的實施卻是亂象頻仍。對此，梁漱溟是當時極少數從文化根源上去作深刻反省的思想家。

　　梁漱溟敏銳地觀察到，民初的政治亂象，不能僅歸咎於某些掌握權力的軍閥，而還應該培養廣土眾民的政治習慣。梁漱溟致力於

---

[129] 梁漱溟：《鄉村建設大意》，頁 710。

擷取西方式民主制度的精華，同時保留些許符合中國傳統倫理教化的成分，而形成一種他認為更適合當時中國的民主政治，並從鄉村開始推行，此即「鄉村建設運動」。換言之，梁漱溟「鄉村建設運動」，乃是兼綜東西方長處，對於儒家式民主的一種實驗及實踐。這也是梁漱溟作為一個思想者及行動者雙重身分的極好證明。

　　對於梁漱溟推行的「鄉村建設運動」，一方面我們回到二十世紀二、三十年代的立場，進行考據上的探討與義理上的分析，以知曉近代歷史上一位重要知識分子所曾推行的一樁公案。另一方面，我們亦可從今時代的立場，去評論梁漱溟在「鄉村建設運動」中所實驗的儒家式民主。當代學者張灝認為，現代中國社會之所以遲遲不能有理想的民主法治，原因之一是因為儒家傳統對於人性太過樂觀，缺乏像西方基督教文化影響下的「幽暗意識」。[130]雖然，這著名的「幽暗意識」之說是否確實如此，學者們有不同看法。[131]但在梁漱溟的構想中，對人性本善抱有太高的期望，而對人性

130　張灝：《幽暗意識與民主傳統》（臺北：聯經出版公司，1990 年），頁4、頁 7、頁 8、頁 11、頁 16、頁 27、頁 28、頁 51。張灝認為，西方社會在基督教原罪論的影響下，對於人類的墮落性與罪惡性有很強的省察，此即所謂「幽暗意識」，此種意識導致西方社會對客觀法律制度的重視，以及民主政治中權力相互制衡原則的形成。相較之下，儒家雖然也有對人性黑暗面的省察，但大致是間接的映襯與側面的影射，而不像基督教是正面的透視與直接的彰顯。儒家的樂觀精神影響了中國政治思想的方向，是中國傳統之所以開不出民主憲政的一個重要思想癥結。

131　胡平：〈儒家人性論與民主憲政——與張灝教授商榷〉，《從自由出發——歷史的良心與良心的歷史》（臺北：風雲時代出版社，1994 年），頁 296。李明輝：〈性善說與民主政治〉（文中第四節為「對『幽暗意識』說的商榷」），《儒家視野下的政治思想》（臺北：國立臺灣大學出版中心，2008 年），頁 51。

的黑暗面使不上力，這也恐怕是梁漱溟在試圖建構一種具有儒家式
特色的民主模式時，遇到困難而無法解決的重要原因。我們認為，
梁漱溟在其實驗中，強調禮義情誼固然重要，但對於制度與法治這
兩大面向，也是需要重視而卻是為梁漱溟所忽略的，如果能在制度
方面多所加強，並力求落實法治精神，提高政府體系及民眾的法治
素養，同時配合梁漱溟大家一起求好求向上的鄉約精神，或許較為
完善，可行性也較高。另且，民主政治當中的人權、自由、平等之
價值，也是相當重要但卻為梁漱溟所忽略的。這些都是梁漱溟在對
「德先生」的反思之中，所存在的不足之處。[132]

　　民初二、三十年代，從事農民教育、農村改革的知識分子不在
少數，像是陶行知、晏陽初等人，多有推動農民教育、農村建設方
面的努力和成果。[133]但是，極少有知識分子像梁漱溟這樣，在鄉
村的建設中強調傳統文化，進而實驗儒家式民主精神。梁漱溟至少
告訴我們，所謂「民主」，並非只允許西方式民主這一種模式而
已，參酌中國傳統儒家文化，建設符合民族倫理禮俗的新政治，這
一梁漱溟對「德先生」所作出的反思，即使在現今來說，依然有著
參考價值。

　　五四以來，破的多，立的少，梁漱溟是少有的能立者。在傳
統與現代之間，梁漱溟以中道而行，「從老道理」，「開出新局

---

[132] 民主政治包含諸多意涵。就其形式來說，是訴諸大多數人的治理方式；就
　　　其內容來說，具有人權、自由、平等之道德價值；就其制度來說，是法治
　　　精神以及講究權力分立。不可否認，梁漱溟對民主政治的認識，尚頗粗
　　　淺，大多僅著眼於民主制度的形式，這確實是梁漱溟的不足之處。

[133] 參同註 106，以及江明淵：《民初陶行知、晏陽初教育理論與民間文學之
　　　關係研究》（臺北：臺灣學生書局，2006 年）。

面」[134]，採擷儒家傳統文化，希望落實現代民主精神，在儒學中如何開展出民主的重要議題上，梁漱溟作出的思考與實踐，未嘗不具有啟發性。

---

[134] 梁漱溟：《鄉村建設大意》，頁614。

引用書目

一、古籍

《管子‧牧民》，戴望：《管子校正》，臺北：世界書局，1955 年。

《孟子‧離婁》，朱熹：《四書集注》，臺北：文海出版社，1984 年。

宋‧朱熹：〈增損呂氏鄉約〉，《朱子文集》，《朱子全書》第 24 冊，上海：上海古籍出版社，2002 年。

宋‧呂大忠：〈呂氏鄉約〉，陶宗儀：《說郛》第六冊，上海：上海古籍出版社，1988 年。

宋‧張載：《張子全書》，臺北：臺灣中華書局，1976 年。

元‧脫脫等：《宋史》，北京：中華書局，1985 年。

明‧王守仁：《王陽明全書》，臺北：河洛圖書出版社，1978 年。

清‧陸世儀：〈治鄉三約〉，徐世昌：《清儒學案》，臺北：世界書局，1967 年。

二、近人論著

王照：《小航文存》，臺北：文海出版社，1968 年。

艾愷（Alitto, Guy）著，王宗昱、冀建中譯：《最後的儒家：梁漱溟與中國現代化的兩難》（*The Last Confucian: Liang Shu-ming and the Chinese Dilemma of Modernity*），南京：江蘇人民出版社，1996 年。

朱義祿：〈梁漱溟與泰州學派〉，方克立、李錦全主編：《現代新儒學研究論集》，北京：中國社會科學出版社，1991 年。

牟宗三：〈漢宋知識分子之規格與現時代知識分子立身處世之道〉，《時代與感受》，臺北：鵝湖出版社，1984 年。

江明淵：《民初陶行知、晏陽初教育理論與民間文學之關係研究》，臺北：臺灣學生書局，2006 年。

李明輝：〈性善說與民主政治〉，《儒家視野下的政治思想》，臺北：國立臺灣大學出版中心，2008 年。

何信全：《儒學與現代民主——當代新儒家政治哲學研究》，臺北：中研院

文哲所，1996 年。

李淵庭：〈晚年梁漱溟的政治情懷與日常生活〉，馬勇主編：《末代碩儒——名人筆下的梁漱溟、梁漱溟筆下的名人》，上海：東方出版中心，1998 年。

柏林（Berlin, Isaiah）著，陳曉林譯：《自由四論》（*Four Essays on Liberty*），臺北：聯經出版公司，1986 年。

韋政通：〈兩個人和兩條路——為「傳統」與「西化」之爭提供一頁歷史教訓〉，《儒家與現代化》，臺北：水牛出版社，1989 年。

宣朝慶：《泰州學派的精神世界與鄉村建設》，北京：中華書局，2010 年。

柳詒徵：〈中國鄉治之尚德主義〉，《柳詒徵說文化》，上海：上海古籍出版社，1999 年。

胡平：〈儒家人性論與民主憲政〉，《從自由出發——歷史的良心與良心的歷史》，臺北：風雲時代出版社，1994 年。

徐樹人：〈我追隨梁漱溟先生從事鄉村建設〉，馬勇主編：《末代碩儒——名人筆下的梁漱溟、梁漱溟筆下的名人》，上海：東方出版中心，1998 年。

陳序經：〈鄉村建設的途徑〉，《陳序經文集》，廣州：中山大學出版社，2004 年。

陳獨秀：〈本誌罪案之答辯書〉，袁偉時主編：《告別中世紀：五四文獻選粹與解讀》，廣州：廣東人民出版社，2004 年。

黃俊傑：〈東亞近世儒者對「公」「私」領域分際的思考〉，《東亞儒學：經典與詮釋的辨證》，臺北：國立臺灣大學出版中心，2007 年。

郭齊勇、龔建平：《梁漱溟哲學思想》，北京：北京大學出版社，2011 年。

張玉法：《中國現代史》，臺北：臺灣東華書局，2001 年。

張邦梅著，譚家瑜譯：《小腳與西服：張幼儀與徐志摩的家變》（*Bound Feet & Western Dress: A Memoir*），臺北：智庫出版社，1996 年。

張灝：《幽暗意識與民主傳統》，臺北：聯經出版公司，1990 年。

梁培恕：《中國最後一個大儒：記父親梁漱溟》，南京：江蘇文藝出版社，2011 年。

梁漱溟：〈中國文化的特徵在哪裏？〉，《散篇論述》，《梁漱溟全集》

（第五卷），濟南：山東人民出版社，1992 年。

———：〈中國民族自救運動之最後覺悟〉，《散篇論述》，《梁漱溟全集》（第五卷），濟南：山東人民出版社，1992 年。

———：〈生平述略〉，《我生有涯願無盡：梁漱溟自述文錄》，北京：中國人民大學出版社，2011 年。

———：〈以出家的精神做鄉村工作〉，《散篇論述》，《梁漱溟全集》（第四卷），濟南：山東人民出版社，1991 年。

———：〈主編本刊（《村治》）之自白〉，《散篇論述》，《梁漱溟全集》（第五卷），濟南：山東人民出版社，1992 年。

———：《自述》，《梁漱溟全集》（第二卷），濟南：山東人民出版社，1994 年。

———：《我生有涯願無盡：梁漱溟自述文錄》，北京：中國人民大學出版社，2011 年。

———：〈我的一段心事〉，《散篇論述》，《梁漱溟全集》（第五卷），濟南：山東人民出版社，1992 年。

———：〈我們政治上第一個不通的路——歐洲近代民主的路〉，《散篇論述》，《梁漱溟全集》（第五卷），濟南：山東人民出版社，1992 年。

———：〈附錄：我們的兩大難處——二十四年十月二十五日在研究院演講〉，《梁漱溟全集》（第二卷），濟南：山東人民出版社，1994 年。

———：《鄉村建設大意》，《梁漱溟全集》（第一卷），濟南：山東人民出版社，1994 年。

———：《鄉村建設理論》，《梁漱溟全集》（第二卷），濟南：山東人民出版社，1994 年。

———：《朝話》，《梁漱溟全集》（第二卷），濟南：山東人民出版社，1994 年。

梁漱溟口述，艾愷採訪：《這個世界會好嗎？》，臺北：五南圖書出版公司，2008 年。

梁濟著，黃曙輝編校：〈敬告世人書〉，《梁巨川遺書》，上海：華東師範

　　　　大學出版社，2008年。

費孝通：《鄉土中國》，北京：三聯書店，1985年。

鄭大華：《梁漱溟與現代新儒學》，臺北：文津出版社，1993年。

鄭大華：《民國鄉村建設運動》，北京：社會科學文獻出版社，2000年。

顧紅亮：《儒家生活世界》，上海：上海人民出版社，2008年。

人性何以是善？梁漱溟在
《人心與人生》一書中的論證

一、前言

　　梁漱溟先生於 1917 年應北京大學校長蔡元培之邀，任教於北京大學哲學系，講授「印度哲學概論」及「儒家哲學」等課程，後來逐漸不滿於大學只是講授知識、技能，於 1924 年辭去北大教職，投身於民間講學、鄉村建設等活動，並於國共之爭時奔走其間，努力於政治上的調解工作。[1]梁漱溟最為人熟悉的著作，當推 1921 年出版的《東西文化及其哲學》一書，對中、西、印三大思想文化進行比較，大力推崇儒學，在五四新文化運動一片崇尚西學的風氣中，顯得卓然不群。此後，即使歷經文化大革命的批孔運動，梁漱溟仍不改其志，受到美國歷史學者艾愷譽為「最後的儒者」。然而，梁漱溟自己最珍惜、最重視的著作，卻不是《東西文化及其哲學》，或其他學術著作如《印度哲學概論》、《唯識述義》、《東方學術概觀》等，而是一生中最後出版的《人心與人

1　參見梁漱溟：〈自傳〉，《梁漱溟全集》（第六卷）（濟南：山東人民出版社，1993 年），頁 635。

生》一書。

　　1980 年 8 月，梁漱溟接受艾愷訪問。艾愷問到：「在您的著作之中，您最珍惜的、最珍愛的是哪一本？」梁漱溟回答：「《人心與人生》。」[2]梁漱溟還表示，《人心與人生》的完成是他這一生最重要的事情，竭盡所能在學術思想方面有所發揮的就是這本書，他的思想及主張都在這一本書裏。[3]

　　梁漱溟兒子梁培恕曾撰文回憶《人心與人生》對其父的重要性。梁培恕寫道：「1955 年初夏，我陪他同遊北海公園，近午，在白塔北側覽翠軒小坐，他對我說即將著手寫《人心與人生》。……他以平靜而深沉的聲音說：『這本書不寫出來，我的心不死』。這樣的話從他口裏聽到，生平僅此一次。當時不懂得為什麼這樣說，現在仍然不敢自信懂得為什麼這樣說。」[4]

　　事實上，不僅梁培恕不很懂得梁漱溟為何這麼說，現今研究者也大多忽視《人心與人生》這本書。[5]儒學研究者或思想史研究者，初次接觸此書時，常感到滿頭霧水，雖稱不上難以卒讀，但不明白作者梁漱溟為何如此珍視此書，卻是普遍的感受。可以這樣說，此書遭受低估的程度，令人驚訝。這一現象的緣由或有二，其一是未能掌握梁漱溟撰寫此書之本懷，其二是對於此書缺乏切合適

---

[2]　梁漱溟口述、艾愷採訪：《這個世界會好嗎？》（臺北：五南圖書出版公司，2008 年），頁 63。

[3]　同前註，頁 100、116、146。

[4]　梁培恕：〈人心──終生的主題；為紀念先父梁漱溟百週年誕辰而作〉，《當代》（第 89 期，1993 年 9 月，頁 92-101），頁 96。

[5]　舉例而言，以《人心與人生》為題，撰寫專文來探討者，僅陳一弘：〈人心與人生──梁漱溟暮年對人性的觀察〉，《中央大學人文學報》，第 37 期（2009 年 1 月），頁 69-104。

當的詮解角度，因而不易看出《人心與人生》在儒學史、哲學史上的地位及價值。本文之作，首先敘述梁漱溟撰寫此書的過程，再而從「人性何以是善」這一問題切入，探討梁漱溟對此人性論問題的論證，期望由此發掘此書隱而不彰的價值，以增進對梁漱溟思想的理解與研究。

二、《人心與人生》的撰寫過程、體例及特色

　　梁漱溟撰寫《人心與人生》的過程可謂一波三折，從發端到成書乃至出版，長達五十年之久。1921 年梁漱溟《東西文化及其哲學》講稿發表，1923 年在北京大學哲學系講「儒家哲學」一課，皆是從對人類心理的理解來闡說儒家倫理思想的。但很快的，梁漱溟發現他用於闡說的觀點有所錯誤，隨即寫信給商務印書館，請他們停印《東西文化及其哲學》[6]，並開始有志於《人心與人生》專書之作。[7]梁漱溟在 1926 年及 1955 年曾兩度撰寫序言，但要到 1960 年才開始真正寫作此書，到 1966 年完成前半部分，又遇上文化大革命，「以自己所儲備之資料及參考用書盡失而輟筆」，過幾年至 1970 年重理舊緒，「日常大部分時間致力於此」[8]，至 1975 年 7 月終於完成，得償五十年來之宿願。

　　梁漱溟《人心與人生》的書稿繕寫及出版事宜，與他一位朋友

6　梁培恕：〈人心——終生的主題：為紀念先父梁漱溟百週年誕辰而作〉，頁 92-93。

7　梁漱溟：〈書成自記〉，《人心與人生》（臺北：谷風出版社，1987 年），頁 286。

8　同前註，頁 287。

田慕周十分有關。田慕周 1932 年畢業於燕京大學法律系，次年至
山東鄒平參加梁漱溟等發起的鄉村建設理論講習會，後留鄒平工作
多年。梁漱溟晚年著述的繕寫工作，多倚賴田慕周完成。[9] 1975
年，梁漱溟 82 歲時，在寫給田慕周的信中回憶文革遭遇，其中提
到自己對《人心與人生》非同一般的重視：

> （文革）遭遇不可謂不慘：先曾祖、先祖、先父三代書畫軸
> 冊兩大皮箱盡被焚毀，內人被捶打以致脊背血透內衣，被拉
> 去開鬥爭大會，我未被打而亦罰跪一次。……然我胸次只小
> 小不愉快而已。床鋪沒有了，席地而睡。半個月不能出門買
> 菜，只就所存米糧度日。紅衛兵且佔據北屋近二十天之
> 久。……寫信致毛主席，說《人心與人生》未完成之稿必請
> 發給我。這是性命所關。不發還，無異宣佈我死刑。其他一
> 切無所計較。幸此稿不久尋回，雖一時未能續寫，卻自信終
> 必成書，今則成書可期矣。[10]

現今研究梁漱溟思想的學者，讀到此處應該難免心頭一動，而開始
思考是什麼樣的動機與心境，讓梁漱溟如此看重此書，竟要寫信給
毛澤東，請求將《人心與人生》書稿發還，否則無異於宣判自己死
刑，幸好後來尋回此稿。但完成全部書稿後，卻又拖延數年方得出
版，這在 1983 年梁漱溟 90 歲致田慕周的書信中可以見到，其中附
有梁漱溟親自擬的《人心與人生》出版發行廣告稿及相關說明，委

9　參見《梁漱溟全集》第八卷，頁 171-172。
10　梁漱溟：〈致田慕周〉（1975 年 3 月 2 日），《梁漱溟全集》第八卷，
　　頁 183-183。

由田慕周幫忙聯繫處理。這封信如下：

> 慕周弟：
> 茲擬有《人心與人生》一書出版發行的廣告稿，弟看是否可用。煩代我斟酌交付學林出版社，請他們酌為辦理是幸！余容續函。順問
> 闔府均吉！
> 漱溟手布
> 此底稿留存　弟處，弟清抄給出版社。一切請酌奪。

> 附：《人心與人生》出版發行廣告稿
> 《人心與人生》一書的英文譯名為 Mind, Heart and Life。是著者梁漱溟先生於 1921 年發表：《東西文化及其哲學》六十年後之一新著。新著糾正了舊著中一些根本性錯誤，同時對於近代西方人在物質文明上雖大有成就，而於人類生命、生活卻缺乏返躬體認，致有 man, the unknown，之嘆者，予以啟迪昭示焉。

> 附注一：Man, The Unknown，為法國人 Alexis Carrel 所著書之英文本。商務印書館出有周太玄及王世宜兩種中文譯本。
> 附注二：潘光旦教授有剖論學術上對於人的研究竟落於三不管地帶一文，載 1946 年上海《觀察》雜誌第 1 卷第 2 期。[11]

11　梁漱溟：〈致田慕周〉（1983 年 10 月 31 日），《梁漱溟全集》第八卷，頁 204-205。

以上是《人心與人生》的撰寫及出版過程。

　　《人心與人生》一書在體例方面，也必須一述。民初文獻學者余嘉錫在《古書通例》一書中，探討古籍的研讀方法，其中一卷為「明體例」，強調閱讀古籍時應該先求明瞭體例，所謂「當先明古人著作之本，然後可以讀古書」[12]。其實，不只是研讀古籍，對於今人的著作，也應該就其寫作方式、風格、凡例等，先求瞭解一梗概，才能更好地瞭解作者著書的意旨與用心。《人心與人生》共21章，分別是：〈緒論（上）〉、〈緒論（下）〉、〈略說人心〉、〈主動性〉、〈靈活性〉、〈計畫性〉、〈我對人類心理認識前後轉變不同〉、〈自然與人、人與自然之間的關係〉、〈人資於其社會生活而得發展成人如今日者〉、〈身心之間的關係（上）〉、〈身心之間的關係（中）〉、〈身心之間的關係（下）〉、〈東西學術分途〉、〈人的性情、氣質、習慣、社會的禮俗、制度（上）〉、〈人的性情、氣質、習慣、社會的禮俗、制度（下）〉、〈宗教與人生〉、〈道德——人生的實踐（上）〉、〈道德——人生的實踐（下）〉、〈略談文學藝術之屬〉、〈未來社會人生的藝術化〉及〈談人類心理發展史〉。

　　《人心與人生》一書要旨，在第一及第二緒論兩章有所說明。第一章首句即說：

　　　　吾書旨在有助於人類之認識自己，同時蓋亦有志介紹古代東

---

[12]　余嘉錫：《古書通例》，《中國現代學術經典‧余嘉錫、楊樹達卷》（石家庄：河北教育出版社，1996年），頁255。

方學術於今日之知識界。[13]

將古代東方學術與今日知識界相互交會，是為《人心與人生》之作的用意。後面又說：

> 吾書既將從人生（人類生活）以言人心；復將從人心以談論乎人生（人生問題）。前者應屬心理學之研究；後者則世云人生哲學，或倫理學，或道德論之類。其言人心也，則指示出事實上人心有如此如此者；其從而論人生也，即其事實之如此以明夫理想上人生所當勉勵實踐者亦即在此焉。
> 人心，人生，非二也。理想要必歸合乎事實。[14]

此處點出了《人心與人生》的主要進路，即結合心理學來談心性論問題。此書所謂的「人心」，是就實然層面上講，而「人生」則是就應然層面上言；意即，對於人生理想的期待，必須與對人之心理的理解相符合，也就是倫理道德的理想必須合於人之心理的事實面，必須要是可達至的（achievable）。要指出的是，梁漱溟此處所用「人心」一詞，並不是宋明儒者喜歡談論的「人心惟危，道心惟微」之中的「人心」概念，人心若與道心相對而言，則具有道德上的貶意，但《人心與人生》一書中所指的「人心」並不如此，而是泛指人的心。此外，梁漱溟所稱的「心」，也與朱熹思想中的心、性之分有所不同；程朱理學主張「性即理」，陸王心學提倡

13　梁漱溟：《人心與人生》，頁1。
14　同前註，頁4。

「心即理」，表面上二者有所不同，但實際上此乃因為程朱進行心
性論討論時，分疏為心、性、情等諸多面向，而陸王則籠統言之，
並不區分心與性，所以究實而論，兩家學脈皆認為人的心之本質乃
是善的。《人心與人生》第二章則轉入哲學上的人性論問題，首句
說道：

> 吾書蓋不啻如一篇《人性論》也。[15]

西方哲學史上，休謨（David Hume）的《人性論》（*A Treatise of
Human Nature*）十分著名。然而，人性問題可以從多重面向來談，
譬如人具有動物一般的本性，但又具有異於動物的人性。那麼，什
麼才是人性中的獨特性呢？《人心與人生》第二章最末說道：

> 我必曰：人性善。或更易其詞，而曰：人之性清明，亦無不
> 可。凡此當於後文中指出之。[16]

這就點出了《人心與人生》一書的主旨所在，也就是對性善的論
述。至於論證的過程，見本文下一節。

　　在寫作方式上，《人心與人生》並非嚴謹的學術論文形式，不
是以考據為方法的史料學史學著作，也不是「照著講」的思想史著
作，而是屬於「接著講」、有所創發的思想著作。《人心與人生》
抱有成一家之言的壯志，與其他思想家相比，梁漱溟的《人心與人

15　同前註，頁 8。
16　同前註，頁 13。

生》就好比是宋代儒者周敦頤的《太極圖說》，或是與梁漱溟齊名的熊十力的《體用論》。只是，《人心與人生》在論述上頗不同於歷代以來的儒家著作，運用的主要不是抽象的哲學語言，而更包含當時的許多新知識，如心理學、生理學、生物學、自然史、人類學、馬克思主義等。這其實也是此書難覓解人之處，因為其寫作方式並不局限於人文學慣常使用的語彙，而多是從自然科學新知及社會科學理論的角度來闡發古老的人性論問題，這就使得現今人文學者感到扞格不入。不過，讀此書者，若能回歸思想家思索問題的心境，則對此書產生同情之理解並非難事。

梁漱溟曾任教北京大學，後來辭去第一學府教職，拋棄學者生涯。以當時北大教員在社會上所享有的聲譽與薪資，這一置名利於身外的作為，在外人眼中稱得上難能可貴，但他本人並不以為可惜，因為他並不認為自己是「學者」。如梁漱溟說：「我常常對人表示我不是一個學者。……我承認自己是一個有思想的人，並且是本著自己思想而去實行、實踐的人，我就是這麼一個人。……我自己承認我是個有思想的人，獨立思考，表裡如一。」[17]梁漱溟對名利之不屑一顧及離開學院之決定，可以與西方哲學家維根斯坦（Ludwig Wittgenstein）相互媲美。維根斯坦是其師羅素（Bertrand Russell）眼中的天才，在獲得劍橋大學哲學博士之後，曾任教於劍橋大學七、八年，後感於學院有礙於其哲學思考而辭去教職。

梁漱溟雖不自認為學者，但他實為上等的學者、思想者。放眼古今中外思想界，姑且可將讀書人或學者分為三個等級。上焉者，乃是為自身的困惑而進行思考與探索，天生帶有哲學問題，如梁漱

17　梁漱溟：《這個世界會好嗎？》，頁81。

溟自少年起便自發地產生對人生的思索，因為個人信念與社會現實之間的矛盾與衝突，苦悶到多次想自殺，維根斯坦亦是如此。[18]這類型學者進行思考、撰寫著作，並非為名為利，而只不過是為求解答自身困惑。但最具原創性的思想家，也莫過於此類人。中焉者，不能說不是出於自己的興趣，但亦且是為名利而做研究。下焉者，僅只是為名利而做研究；更等而下之者，只是將此研究工作視為謀生之資具，乃至為達目的不擇手段。

　　對於上等的學者來說，思考問題、撰寫著作，是為了尋求自身困惑之解答，主要是為說服自己，而不很在意能否說服他人。現今學者與研究領域之間，常呈現主客二分的現象，研究者未必相信自己所研究的對象，但對此等學者而言，他們思考問題及進行研究，就真正是相信其所研究的推理與論證，他們才是所謂的 doing philosophy。只有從這個角度來看，才能理解梁漱溟及其《人心與人生》。梁漱溟並非學院中的專職研究者，而是全身心投入於其思想之河的思想者；他的思想工作並不只是在書本上、在圖書館內進行，而更是在生活中的歷緣對境中，對自身的思想觀念進行不斷辯證與體驗。梁漱溟是儒、佛二家信念的持有者與修持者，儒家言性善，佛家曰眾生皆有佛性，這樣的信念，在新時代面臨新知識之際，如何在自己的思想上再度獲得論證？如何在自身的經驗中得到

18　如梁漱溟曾說：「我在二十歲的時候，曾有兩度的自殺，那都可以表現出我內心的矛盾衝突來。就是自己要強的心太高，看不起人家，亦很容易討厭自己；此原故是一面要強，一面自己的毛病又很多，所以『悔恨』的意思就重，使自己要給自己打架；自己打架，打到糊塗得真是受不了的時候，他就要自殺。」梁漱溟：〈懺悔──自新〉，《梁漱溟全集》（第二卷），頁 42。

體證？這是自古以來儒佛二家之徒一再面臨的挑戰。儒學史上，先秦時代孟子以人皆有不忍人之心來言人性本善，從經驗上的乍見孺子入於井而皆有怵惕惻隱之心來談；而宋代朱熹則汲取佛、道二家的形上學特長，從理、氣兩者來論述萬物本體，從而下貫到人心性之中最根本的性乃是善的；到 20 世紀，科學大幅發展，知識領域逐漸分科化、專業化，此時在思索傳統儒學問題上，必須要對西學有所回應，這也是杜維明儒學發展三階段之說的第三階段的任務與工作，當代新儒家的成就與貢獻也就在此。只是，舊學與新知之間的調合與開出，現今學者熟悉的是如熊十力、牟宗三等學者的路數，可說是哲學式的、形上學式、抽象式的，而梁漱溟則可說是結合了當時科學新知，是具體的、體驗的。

　　學者或質疑，梁漱溟並非具有科學專長，若只憑閱讀報章雜誌及翻譯過來的科學書籍等，如此來建構其自身思想，是否可以成立？這一質疑，可分為兩項來討論：其一是，哲學思考是否允許運用自然科學知識做為思想資源？其二是，什麼樣的哲學研究才是合法的？

　　第一項質疑，哲學思考是否允許運用自然科學知識做為思想資源，譬如梁漱溟運用心理學來討論哲學問題？[19]從哲學史的發展來看，哲學為眾學科之源，古希臘哲人也對物理問題、數學問題進行思考，如亞里斯多德（Aristotle），因為這一切都是對於實相（Reality）的探索，是哲學思考的對象。直到近代，學科逐漸分化，以實驗科學、量化研究為方法的諸多學科才逐漸形成，而從哲

19　梁漱溟認為，心理學是介於哲學與科學之間，是在純理科學與應用科學之間。見梁漱溟：《人心與人生》，頁5。

學領域分家出去，如形上學中的宇宙論，到 20 世紀則交棒給理論物理學家、天文物理學家，進而產生形上學是否已經死亡之反思。心理學也是如此，原本亦為哲學中的一部分，在中國、西方、印度三大哲學傳統中皆有對人的心理現象進行深刻探討，但正式使用 psychologia 一詞的是 18 世紀的德國哲學家伏爾夫（C. Wolff），雖則他所講的經驗心理學仍然是在傳統哲學的範圍內；要到 19 世紀，作為現代意義學科的心理學方才形成，並且運用了實驗科學的方法，成為今日人們所認識的心理學。[20]如此說來，在哲學家、思想家眼中，並不十分嚴格區分此為我專業、彼為非我專業，況且學科的分類也只是偶然的歷史產物，並不必然如此，更何況現今講究所謂跨學科、跨領域研究，在思考問題時，所有一切知識都可以、也應該是解決自身哲學問題時可資思考的資源。因此，哲學思考當然允許運用自然科學知識作為思想資源，雖則是否為多數人所接受則又是另一回事。

　　第二項質疑，什麼樣的哲學研究才是合法的？此一問題，亦可從學術史、思想史的發展來討論，即所謂研究路數的問題。當今自然科學、社會科學崇尚量化研究法，將一個變因（variable）孤立起來，用以發現它的前因後果，發現之後再予以證實。量化研究的方法，其特點就是實驗可隨時重覆，且也可利用實驗來反駁。但只有這種方法或某類方法才是合法的學術研究嗎？以經學研究來說，漢代以降有今古文之分，到清代有漢宋之爭；以歷史研究來說，民國初年有史料學派與史觀學派之爭。從哲學史的發展來看，哲學

20　參見項退結：〈第八章 從心理學走向人類哲學〉，《邁向未來的哲學思考》（臺北：東大圖書公司，1988 年），頁 155-169。

的範圍未必一定，而是不時在擴大中，哲學研究的方法也未必一定，而是具有多樣化，從古希臘柏拉圖（Plato）的對話錄，到笛卡耳（René Descartes）散文式的書寫方式，到羅素、摩爾（G.E. Moore）數理邏輯的運算，還有維根斯坦以數字標示的寫作方式，以及歐陸哲學傾向於在歷史脈絡下談哲學問題等等，可見哲學研究不能以定於一尊的方式來看待。現今學界所講究的學術規範，也只不過是 20 世紀以來受到科學影響下的學術論文範式，不代表過去是如此，也不意味以後也只能如此。這樣說來，什麼樣的哲學研究才是合法的，若太快有所斷言，就顯得劃地自限，也就是不能以現今習見的學術論著之規範，來評斷梁漱溟的取徑（approach）不能成立。

　　事實上，像梁漱溟這般，吸收當代科學新知以建立自己哲學思想的，並非孤立的案例。20 世紀西方哲學家，如柏格森（Henri Bergson）、德日進（Pierre Teilhard de Chardin）也都是結合科學與哲學思考，創立一家之言。[21]從這一角度來審視梁漱溟，或更為

21　柏格森與德日進皆為法國人。柏格森思想受進化論、生物學等影響，主張宇宙是生命衝力在運作，一切都是活動的，並強調以不依靠概念所進行的認知才能認識此實相，即直覺（intuition）。直覺是不經理性思辨的，是不需要理由的。柏格森的《創化論》（*L'Évolution Créatrice*）一書影響思想界甚大。梁漱溟本身也喜讀柏格森著作，對其思想最為喜愛。德日進則為天主教耶穌會教士，以古生物學獲得博士學位，曾在中國進行考古工作二十多年，在思想上受到進化論及柏格森《創化論》的影響，著有《人的現象》（*Le Phénomène Humain*），將古生物學、地質學、物理學、化學等方面的知識與基督教義統整起來，主張人類的意識在不斷進化中，將終趨完善。參見瞿世英：《柏格森形上學與進化哲學》（臺北：正文書局，1971 年）；德日進著，李弘祺譯，陸達誠校訂：《人的現象》（臺北：聯經出版公司，1983 年）；王秀谷等著：《現代先知德日進》（臺北：

貼切，如他的自我期許：「我覺得我有一個最大的責任，即為替中國儒家作一個說明，開出一個與現代學術接頭的機會。《人心與人生》一書之作，即願為儒家與現代學術界之間謀一說明，作一討論。此工作其難做，蓋以明白心理學的人不能明白儒家，明白儒家者又不明白心理學，兩者都能明白而又能有所討論的，這個人現在很難有，我則甚願努力於斯。」[22]明乎此，方能對《人心與人生》一書在哲學史上的定位有所掌握。

三、人性何以是善的論證

此處討論梁漱溟在《人心與人生》中對於性善的論證，並兼且論及對道德與宗教的觀點。

（一）首先，從人心的三個特質，進而歸結到人與動物的最大不同在於自覺。

《人心與人生》從第三章到第六章，對於人心的特徵進行闡述，並將毛澤東提及的「主動性」、「靈活性」、「計劃性」三個用兵要點，巧妙地運用在討論人心上，並以「主動性」為心的最主要特質。如第三章說：

客有以如何認識人心為問者，吾輒請讀《毛潤之選集》。毛

先知出版社，1975 年）；傅佩榮：《自然的魅力》（臺北：洪建全基金會，1995 年）。

22　梁漱溟：〈東方學術之根本〉，收入《朝話》，《梁漱溟全集》（第二卷）（濟南：山東人民出版社，1994 年），頁 135-136。

潤之善用兵亦善言心。選集中〈抗日游擊戰爭的戰略問
題〉、〈論持久戰〉兩文，人見其言用兵也，我則見其言
心。前後兩文中，一皆列舉主動性、靈活性、計畫性之三點
以言用兵，而要歸於爭取主動。實則此三點者，非即人心之
所以為人心乎？用兵要歸於爭取主動，同樣地，整個人生亦
正要歸於爭取主動而已。蓋人生大道即在實踐乎人心之理，
非有他也。

今我之言心，即將從此三點者入手而申說之。當然，我藉取
他的話來講我的話，如其有不合之處，其責任在我；讀者識
之。

〈論持久戰〉等兩文非有意乎講人心也，卻在無意中指點出
人心來，此即所云「自覺的能動性」是已。主動性、靈活
性、計畫性三點是自覺的能動性之內涵分析。同時，又無妨
把自覺的能動性簡化而稱為「主動性」。說主動性，是又可
以涵括靈活性、計畫性兩點在其內的。[23]

毛潤之就是毛澤東。接下來，梁漱溟分別在第四、五、六章中，對
「主動性」、「靈活性」、「計劃性」三個特點進行分析，並皆引
用毛澤東〈論持久戰〉原文，「藉他的話來講我的話」，來說明人
心的三項特點。

　在人心的主動性方面，「宜先從其生命自發地（非有意地）有

---

[23]　梁漱溟：《人心與人生》，頁18。

所創新來體認；然後再就人們自覺的主動精神——人們的意志來認取」[24]。前者指的是非有意的表現，譬如文學藝術上的創作作品[25]；後者則指的是有意識、有自覺的，如人們意識清明中的剛強志氣，譬如奮鬥中再三受挫時堅持到底的堅毅精神。

　　在心的靈活性方面。靈活性指的是，「不循守常規而巧妙地解決了當前問題」[26]。

　　在心的計畫性方面。計畫通常指的是在行動之前，對於所要解決的問題，先做觀念上的運用處置。人心的計畫性，即是指能將外在事物攝入心中，通過思維，構成觀念和概念，即所謂知識。[27]

　　在第六章討論人心的計畫性這一章中，梁漱溟兼且論及自覺。自覺這一心的特徵，可說是梁漱溟最為看重的特質，於其學中的重要性非同小可。自覺在人心的任何活動中無不存在，只是或強或弱、或隱或顯，舉例來說，人在聽到聲音、在說話之時，不只是聽到而已，也不只是在說話而已，隨即同時還自知聽到此聲音，還自知在說什麼話；「甚至一念微動，外人不及知而自己知之甚明。不唯自知其動念而已，抑且自知其自己知之也。……人有感覺、知覺皆對其境遇（兼括機體內在境遇）所起之覺識作用，而此自覺則蘊乎自心而已，非以對外也。它極其單純，通常除內心微微有覺而

<hr>

24　同前註，頁 24。

25　梁漱溟此處的說明文字頗為優美，特引述在此：「人在思想上每有所開悟，都是一次翻新；人在志趣上每有所感發，都是一次向上。……詩人巧得妙句，畫家有神來之筆，不唯旁人所不測，他自己亦不能說其所以然。……憑空而來，前無所受。這裏不容加問，無可再說。問也，說也，都是錯誤。」同前註，頁 18-19。

26　同前註，頁 29。

27　同前註，頁 41。

外，無其他作用。然而人心任何對外活動卻無不有所資藉於此。」[28]自覺也是人與動物之間的差異所在，動物「陷於本能而不得拔……豈復有自覺可言」[29]，所以在第六章「更申明以言之：動物生命中缺乏自覺是確定的；人類生命既進於自覺之域，亦是確定的。但人們臨到生活上，其生命中的自覺一時昏昏然不起作用，又幾乎常常有的。雖說是常有的，卻為懈怠不振之象，而非其正常。且其作用亦只在當時隱沒不顯而已，其作用自在（未嘗失）也。」[30]儒家孟子講究人禽之辨，「人之所以異於禽獸者幾希，庶民去之，君子存之」[31]，在梁漱溟而言，人禽之異即在此自覺，並再度申言：

> 吾書開宗明義曾謂：人之所以為人在其心；而今則當說：心之所以為心在其自覺。[32]

這即是人心的基本特徵。

（二）自覺，即性善，即人有趨向於善的可能。

《人心與人生》第十四章說：

> 中國學者遠自孟荀以來，好為性善性惡之論辯，其為說多不

28　同前註，頁 63。
29　同前註，頁 24。
30　同前註。
31　《孟子·離婁下》。
32　梁漱溟：《人心與人生》，頁 69。

勝數，而可取者蓋少。此一問題不有近頃科學知識暨思想方法為資助，只出以忖度臆想，未有不陷於迷離惝恍莫可為準者。吾書進行至此，大意可見，不須要更多的說話，只表出結論如下：

人性之云，意謂人情趨向。趨向如何非必然如何，而是較多或較大地可能如何。事實上，人之有惡也，莫非起於自為局限，有所隔閡不通。通者言其情同一體，局者謂其情分內外。肯定了惡起於局，善本乎通，而人類所代表的宇宙生命本性恰是一直向著靈通而發展前進，昭昭其可睹，則人性善之說復何疑乎？

人之性善，人之性清明，其前提皆在人心的自覺能動。[33]

此處先是定義人性，並不是就其實然層面而說的，而是就其趨向而言，亦即人有趨向於善的可能，因而性善。其次，說到善惡之別，所謂的惡就是起於隔閡、局限，也就是自私自利，而善是通乎一體，即不自私。梁漱溟又在第十八章有所明講：「一切惡出於自私，而通於一切之善者就在不自私，以至捨己為公。此理至淺，人人曉得。更須曉得是公非私，是私非公，皆於當前情景比較對待上見之，非可孤立看待者。自私者唯局於其一身是固然矣；若其範圍雖大於此身，卻仍然聯繫在此，如局於一家一國者，便仍然是自私。往往有人把較大範圍的自私也看成道德，那是錯誤的。反之，

---

33 同前註，頁168。

若當前不存在其他較大問題，則照顧一身的病痛豈得為自私乎？一句話：善本乎通，惡起於局。」[34]此處對於善惡的觀點頗為深刻，從自私不自私這一至淺的道理，談及善與惡之分別，並且提到公私乃是相對的，必須就當前情況來看待；如此說來，有的人執著於一家一國之利，而以為範圍大者便是道德，其實不然，這種以大我為對象的自私，仍然並不是善。梁漱溟這一觀點，可說是對國族主義、種族主義的最好批評。

（三）道德與宗教之真義在於此自覺，即自覺自律。

《人心與人生》第十六章說：

> 道德之真義應在人莫不有知是知非之心，即本乎其內心之自覺自律而行事。但俗所云道德卻不如是逼真。蓋因人生活於社會中，而各時各地的社會恒各有其是非之準，即所謂禮俗者，為通常所循由而成習慣，合者為是，不合者為非；道德於此，乃與禮俗幾有不可分之勢。

> 人類生命深處宗教與道德同其根源是已。此根源即人心之深靜的自覺。心靜與自覺分不開……而自覺之明度隨以不等，殊難用言語區劃之。這裏渾括說「深靜的自覺」，其間猶且涵有等級。大抵體貌恭肅，此心誠一不二，庶幾得之。粗浮之氣仍待漸次消除，乃可步步深入靜境，非可期於一朝。人之能自主其行事，來從自覺之明，所以成其自覺自律的道德

34　同前註，頁245。

在此。非此不為真道德。宗教信仰要在必誠必敬，一分誠敬
一分宗教信仰；否則尚何宗教之可說？宗教、道德，二者在
人類生命深處同其根源者謂此。[35]

此處進而言道德與宗教乃相聯通，而二者的根源皆在自覺。梁漱溟
在此並區分禮俗與道德，認為世俗通常所指的道德，其實不過是禮
俗規範而已，這是因時因地而有不同且會變化的；然而，真正的道
德卻並不如此，而是來自內心之自覺自律。梁漱溟喜以自覺自律來
理解道德，曾在訪談中談到：「真道德不同於禮俗。真道德可以反
對禮俗。它有自信，它有自律，它不同於禮俗。它是從自己生命出
來的。真道德很難體會，它具有革命性，我的意思是說，真道德很
難有，一般人都沒有這個真道德。」[36]反過來說，「庸俗的道德，
缺乏獨立自主，古人說：『鄉愿，德之賊也』非講求真道德者之所
取。」[37]這是說，缺乏自覺自律的道德，只是符合禮俗的鄉愿而
已，並非真道德。

　　如此說來，要培養真道德，就要長養內心之自覺，這也是道德
與宗教相通之處。各宗教的修養方法，如禮拜、祈禱、懺悔等等，
皆是在長養自覺，擴大此一自覺。自覺也是善惡之本，「一言一行
獨立自主，方顯示生命本質，其根本要在內心自覺之明強。自覺貧
弱便隨俗流轉去了。……昔人（王船山）有言俗便是惡者，雖嚴厲

35　同前註，頁 218-219。

36　李紹崑：〈梁漱溟先生訪問錄〉，《國文天地》（1992 年 6 月，頁 69-
　　75），頁 72。

37　梁漱溟：《人心與人生》，頁 242。

哉，固有以也。」[38]此處從跟隨流俗來言惡，頗有見地。

至於道德上的向上與墮落，梁漱溟也有所討論，而亦歸結於自覺。他說：「人的生命力大小強弱不同等和人的體質氣質各有所偏，皆有其生來秉賦（比較是主要的）之一面及其後天養成之一面。但道德不道德之分，全從向上抑或墮落而分，不在其他。向上或墮落總是一步一步乃至一寸一分而來的。雖則其間亦包含由量變而突變的變化，乃至忽上忽下時進時退的事情，然向上者更容易向上，墮落者更容易墮落。」[39]又說：「在向上與墮落的問題上，防微杜漸靠自覺。……世俗之見以為道德即是好習慣之謂，德育就在養成好習慣，那是錯誤的。德育之本在啟發自覺向上，必自覺向上乃為道德之真。」[40]這裏再次指出，世俗所以為的有道德，往往只是好的習慣而已，符合常規與人情世故便是好人，但這缺乏自覺的所謂道德並非真道德；必有自覺向上之心方為真道德。在道德之路上，「忽上忽下時進時退」是常有的事，且必然是出自於真道德的自覺向上之心，方有「忽上忽下時進時退」之感，而世俗所以為的有道德，還未必會有如此感受。此言真是親切。

（四）自覺，就是良知。

梁漱溟所稱的自覺，其實也就是儒家所謂的良知。《人心與人生》第十三章說：

　　我這裏所說人心內蘊之自覺，其在中國古人即所謂「良知」

38　同前註。

39　同前註，頁243。

40　同前註，頁244。

> 又或云「獨知」者是已。良知一詞先見於《孟子》書中，孟
> 子嘗以「不學而能，不慮而知」指示給人。後來明儒王陽明
> 大力闡揚「致良知」之說，世所習聞。獨知一詞則涵於《大
> 學》、《中庸》兩書所諄諄切切的慎獨學說中。其曰獨知者，
> 內心默然炯然，不與物對，他人不及知而自家瞞昧不得也。
> 陽明詠良知詩云「無聲無臭獨知時，此是乾坤萬有基」。乾
> 坤萬有基者，意謂宇宙本體。宇宙本體渾一無對。[41]

此處梁漱溟明白指出，他所言的自覺，其實也就是孟子所謂良知或
《大學》、《中庸》慎獨之說中的「獨」。在此可見，梁漱溟的說
法，完全承襲陽明學派，將良知不只是視作道德本體，也是宇宙本
體。梁漱溟自己也說，除受到陸王影響之外，宋代楊簡對本心的體
認對他影響也很大。[42]王陽明良知之學流行於明代，後來陽明後學
論辯愈繁，有「四無」之說，而愈趨玄虛。現今學者常從形上學角
度來討論良知之學，而梁漱溟的解釋則簡單直接：「當下自覺，就
是當下的是非好惡痛癢，讓這些在當下更切實明白開朗有力，喜歡
這個就喜歡這個，不喜歡這個就不喜歡這個，如惡惡臭，如好好
色，毫無半點虛假。……此即王陽明先生之所謂致良知……儒家即
如此而已。此話許多人都不敢講，其實就是這樣簡單。」[43]從自覺
來指點良知，既簡單，但又人人能體會，且指出一具體下手處，這

---

[41] 同前註，頁 161。

[42] 李紹崑：〈梁漱溟先生訪問錄〉，《國文天地》（1992 年 6 月，頁 69-
75），頁 72。

[43] 梁漱溟：〈東方學術之根本〉，《梁漱溟全集》（第二卷），頁 135-
136。

是實踐型儒者的風格，而非學院中的學者。

　　以上討論梁漱溟《人心與人生》一書對於性善的論證。在此，對其論證略作評析。梁漱溟的論證，從心的三個特徵談起，進而歸結於自覺，自覺即人有趨向於善的可能，此即性善。如此說來，梁漱溟所謂性善乃指的是人性向善，而非慣常所認為的人性本善。此中所涉及的問題，其實和陽明後學之間的論辯是相似的，即王陽明四句教中的「無善無惡心之體」之爭議，遭受多方辯難。雖則，按照陳來的解釋，王陽明所稱「無善無惡心之體」，指的是境界上的無，並非本體上的無，意即王陽明並非否定心性之善，而是在為善去惡之後，對善惡二者皆不予執著的境界，無善無惡才是所謂至善，這一解釋亦可通。[44]但儘管如此，陽明學派的良知之說，仍難免容易偏離儒家孟子一系所抱持的性善說，因而有晚明東林學及劉宗周對王學的深刻批判。

　　儒家所抱持的性善說，從孟子不忍人之心這般素樸的經驗性論證，仍傾向於人性本善的意涵，即實存面的善，而這一點在梁漱溟《人心與人生》並未得到論證，而只是主張人有為善的趨向與潛能，這或許是一缺憾。[45]平實而論，若我們認為性善說包含的是人性本善之意，則不能不說朱熹從天道下貫人道的論證較具理論上的

44　陳來：《有無之境：王陽明哲學的精神》（北京：人民出版社，1991年），頁 222-224。

45　然而，孟子人性本善說，認為人在實存面上皆為善，則又將引發另一難題，即如果人都是善良的，那麼如何在現實中回應人所為之惡呢？意即，陽明學派所謂「滿街皆是聖人」，如果指的是實存面的善，則吾人必須以善心對待善人，那麼該當如何回應歷緣對境中的惡呢？梁漱溟將性善理解為人有為善的趨向，則避開了此一難題。

說服力；而如果性善說只是意謂人有為善的傾向，而不談及心的根本本性的話，則梁漱溟將人心的自覺提高到一理論上的置高點，也可以說能服人之口。[46]

因此，從王陽明之學的傳承來看待梁漱溟是恰如其分的。本文的觀點與楊儒賓一致，他說：

> 梁漱溟所以撰寫《人心與人生》，不僅是要肯定王陽明在五百年前業已講過的話而已。時代到底不同了：面對的處境不同，當令的思潮不同，讀者接受的狀況也不同。因此，如何站在當代思想的水平上，重新詮釋王學的智慧，遂成為梁漱溟不得不面臨的課題。[47]

我們認為，梁漱溟對於人性何以是善的論證，難得之處即在於他處理了自覺、良知與當代思想的關係，以新的知識來講良知之學，讓五四以來崇奉科學的知識界，重新接上良知學脈，這一貢獻必須肯定。至於梁漱溟此一論證是否為知識界多數人所接受，那是另外的問題。自身信念為求與知識界對話，必須加以論證，雖未必能說服人，但未嘗不是一家之言。

為什麼相信人性是善？其實，對於儒、佛二家的實踐者而言，

46　朱熹「性即理」的論證，能服人之口，而未必能服人之心，即在理性上能說得通，但在感性經驗上未必讓人有所同感；而王陽明、梁漱溟對良知的論證，則可說是未必能人之口，但卻能服人之心，因其訴諸於經驗、體證，因而在理性推論上或有不周之處，卻能在感性經驗上讓人生起同感。

47　楊儒賓：〈梁漱溟「儒家將興說」之檢討〉，《清華學報》新 23 卷第 1 期（1993 年 3 月，頁 61-100），頁 81。

未必能說出個道理來，如陶淵明詩句「此中有真意，欲辯已忘言」，此中意境只可心領神會，難以言傳。以柏格森的哲學來說，直覺就是獲取信念的最好方式，不需與他人論辯，亦不需理由論證，就是相信，願意相信，沒有理由其實就是最好的理由。梁漱溟主張人性是善，人性向善，除《人心與人生》當中的論證之外，必定有其自身體證，而這一點往往是理性之光所不及照見之處。

四、結語

綜言之，梁漱溟《人心與人生》一書，可從兩個角度來審視。從儒學史來看，梁漱溟承繼儒家性善說，在 20 世紀科學澎湃湧入中國之時，以現代科學諸多學科新知，回應古老人性論問題，這是此書的價值。從哲學史的發展來看，打通科學與哲學之隔膜，獨造一家之說，也是回歸哲學家探索問題的原初方法，即任何資源皆可取之以為思考，表現出與當時西方哲學著作類似的取徑，也是一件有趣味的事。[48]本文討論《人心與人生》對性善的論證，論證看來也許簡單，但對於思想家來說並不簡單，因為這並非是離開自身生命的學術研究，而是與自身生命經驗相結合的思想工程。

梁漱溟在看待人性方面，稱得上是位樂觀主義者，如他說：

> 我覺得每人最初的動機都是好的，人與人都是可以合得來

---

[48]　梁漱溟說：「晚近心理學家失敗在自居科學而不甘為哲學；而一向從事人生哲學（或倫理學或道德論）者適得其反，其失乃在株守哲學，不善為資取於科學。」梁漱溟：《人心與人生》，頁 5。這段話可說是本文立論之基礎。

的，都可以相通的。不過同時每一個人亦都有些小的毛病。
因人人都有毛病（不過有多少輕重之分），故讓人與人之
間，常有不合不通的現象。雖不合不通之事常有，但人在根
本上說，向上要好，還是人同此心，心同此理，究竟有其可
合可通之處。在我們應努力去擴大此可相通相合之點，與天
下人作朋友，而不與人隔閡分家。這是我第一個信念。我總
是相信人，我總覺得天下無不可合作之人，我始終抱定這信
念而向前邁進，毫不猶疑！[49]

哲學思考雖然抽象，但並不脫離現實生活。對人性問題的探索，並
非只是出於純粹理性的興趣，而其實關涉了思考者該如何看待自身
與他人的問題。梁漱溟所關心的人性問題，聯結到現實生活中，具
體體現於兩個方面。第一，在看待自身方面，自己雖然也是性善，
但在向上向善的自我修養過程中，仍難免墮落的可能，因此必須以
自覺觀照自身之念，絕不自欺，如梁漱溟所言：「我對人類生命有
了解，覺得實在可悲憫，可同情，所以對人的過錯，口裏雖然責
備，而心裏責備的意思很少。他所犯的毛病，我也容易有。平心
說，我也是個倖而免。」[50]第二，在看待他人方面，則既已認定人
性是善，自然而然就會盡量視人為善，且對他人所作之惡予以體
諒、寬容他，「容易看人家好，看見他一點好處，而忘了其他一切
短處」[51]。待人之寬容與自省之真誠，乃是一體之兩面，皆是出自
於對人類生命處境的體會。

---

[49]　梁漱溟：〈我的信念〉，《梁漱溟全集》（第二卷），頁71。

[50]　梁漱溟：〈懺悔──自新〉，《梁漱溟全集》（第二卷），頁42-43。

[51]　梁漱溟：〈談用人〉，《梁漱溟全集》（第二卷），頁109。

　　《論語》說：「知即之，仁不能守之，雖得之，必失之。」[52] 梁漱溟與現代意義下的學者有所不同，他並非只是智及之，而是知行合一，思想與實踐之間是相互呼應的。誠如梁漱溟所自稱的，獨立思考，表裡如一，他確實是這麼一個人。在 20 世紀知識界一片趨風尚、服權勢的潮流之下，此一人格讓人起敬。

52　《論語‧衛靈公》。

引用書目

一、古籍

宋・朱熹注：《論語・衛靈公》，《四書集注》，臺北：文海出版社，1984
　　年。

宋・朱熹注：《孟子・離婁》，《四書集注》，臺北：文海出版社，1984
　　年。

二、近人論著

王秀谷等著：《現代先知德日進》，臺北：先知出版社，1975 年。

李紹崑：〈梁漱溟先生訪問錄〉，《國文天地》第 8 卷第 1 期，1992 年 6
　　月，頁 69-75。

余嘉錫：《古書通例》，《中國現代學術經典・余嘉錫、楊樹達卷》，石家
　　庄：河北教育出版社，1996 年。

陳一弘：〈人心與人生——梁漱溟暮年對人性的觀察〉，《中央大學人文學
　　報》，第 37 期，2009 年 1 月，頁 69-104。

陳來：《有無之境：王陽明哲學的精神》，北京：人民出版社，1991 年。

梁培恕：〈人心——終生的主題；為紀念先父梁漱溟百週年誕辰而作〉，
　　《當代》第 89 期，1993 年 9 月，頁 92-101。

梁漱溟：《人心與人生》，臺北：谷風出版社，1987 年。

———：〈自傳〉，《梁漱溟全集》（第六卷），濟南：山東人民出版社，
　　1993 年。

———：〈我的信念〉，《梁漱溟全集》（第二卷），濟南：山東人民出版
　　社，1994 年。

———：〈東方學術之根本〉，《朝話》，《梁漱溟全集》（第二卷），濟
　　南：山東人民出版社，1994 年。

———：〈致田慕周〉，《梁漱溟全集》（第八卷），濟南：山東人民出版
　　社，1993 年。

———：〈書成自記〉，《人心與人生》，臺北：谷風出版社，1987 年。

———：〈談用人〉，《梁漱溟全集》（第二卷），濟南：山東人民出版社，1994 年。

———：〈懺悔——自新〉，《梁漱溟全集》（第二卷），濟南：山東人民出版社，1994 年。

梁漱溟口述，艾愷採訪：《這個世界會好嗎？》，臺北：五南圖書出版公司，2008 年。

傅佩榮：《自然的魅力》，臺北：洪建全基金會，1995 年。

項退結：〈第八章　從心理學走向人類哲學〉，《邁向未來的哲學思考》，臺北：東大圖書公司，1988 年。

項退結：《邁向未來的哲學思考》，臺北：東大圖書公司，1988 年。

楊儒賓：〈梁漱溟「儒家將興說」之檢討〉，《清華學報》新 23 卷第 1 期，1993 年 3 月，頁 61-100。

德日進（Chardin, Pierre Teilhard de）著，李弘祺譯，陸達誠校訂：《人的現象》，臺北：聯經出版事業公司，1983 年。

瞿世英：《柏格森形上學與進化哲學》，臺北：正文書局，1971 年。

國家圖書館出版品預行編目資料

梁漱溟思想抉微

胡元玲著. – 初版. – 臺北市：臺灣學生，2021.07
面；公分

ISBN 978-957-15-1861-9 (平裝)

1. 梁漱溟 2. 學術思想 3. 哲學

128.8　　　　　　　　　　　　　110008723

梁漱溟思想抉微

著　作　者　胡元玲
出　版　者　臺灣學生書局有限公司
發　行　人　楊雲龍
發　行　所　臺灣學生書局有限公司
地　　　址　臺北市和平東路一段 75 巷 11 號
劃　撥　帳　號　00024668
電　　　話　(02)23928185
傳　　　眞　(02)23928105
E - m a i l　student.book@msa.hinet.net
網　　　址　www.studentbook.com.tw
登記證字號　行政院新聞局局版北市業字第玖捌壹號
定　　　價　新臺幣三六〇元
出 版 日 期　二〇二一年七月初版
I S B N　978-957-15-1861-9